Dieter Baumann / Sofie Meys
Töpfern

Dieter Baumann / Sofie Meys

Töpfern
Modellieren und gestalten mit Ton

Leopold Stocker Verlag
Graz – Stuttgart

Umschlaggestaltung:
DSR Werbeagentur Rypka GmbH, 8143 Dobl/Graz, www.rypka.at
Titelbild: Mona Lorenz, Gmunden

Bildnachweis:
Die Bilder im Innenteil wurden dem Verlag freundlicherweise von den
Autoren zur Verfügung gestellt.

Der Inhalt dieses Buches wurde von den Autoren und vom Verlag nach
bestem Gewissen geprüft, eine Garantie kann jedoch nicht übernommen
werden. Die juristische Haftung ist ausgeschlossen.

Bibliografische Information der Deutschen Nationalbibliothek
Die Deutsche Nationalbibliothek verzeichnet diese Publikation in der
Deutschen Nationalbibliografie; detaillierte bibliografische Daten sind
im Internet unter http://dnb.d-nb.de abrufbar.

Hinweis: Dieses Buch wurde auf chlorfrei gebleichtem Papier gedruckt. Die
zum Schutz vor Verschmutzung verwendete Einschweißfolie ist aus Polyethy-
len chlor- und schwefelfrei hergestellt. Diese umweltfreundliche Folie verhält
sich grundwasserneutral, ist voll recyclingfähig und verbrennt in Müllverbren-
nungsanlagen völlig ungiftig.

Auf Wunsch senden wir Ihnen gerne kostenlos unser Verlagsverzeichnis zu:
Leopold Stocker Verlag GmbH
Hofgasse 5/Postfach 438
A-8011 Graz
Tel.: +43 (0)316/82 16 36
Fax: +43 (0)316/83 56 12
E-Mail: stocker-verlag@stocker-verlag.com
www.stocker-verlag.com

ISBN 978-3-7020-1557-2
Layout und Repro: DSR Werbeagentur Rypka GmbH, 8143 Dobl/Graz
Druck: Druckerei Theiss GmbH, 9431 St. Stefan

Inhalt

Widmung

Für meine Enkelkinder Ella und Mina, die jetzt im Alter von zwei und fünf Jahren schon viel Freude daran haben, mit mir in der Werkstatt zu „arbeiten" und sich vielleicht später einmal die eine oder andere Anregung aus diesem Buch holen möchten.

... und für Sofie, die mit Geduld und Detailinteresse dieses Buch gemeinsam mit mir geschrieben hat.

Vorwort

Die Vorfreude stellt sich mit schöner Regelmäßigkeit und immer pünktlich in dem Moment ein, in dem ich die durch das Bröltal führende Hauptstraße verlasse und in einen nur wenig befestigten Weg einbiege, der mich in engen Serpentinen durch ein Waldstück und hoch hinauf zum Brölerhof bringt. In wenigen Minuten beginnt mein Töpferkurs ...

Der in Ruppichteroth im Rhein-Sieg-Kreis gelegene Brölerhof – das sind eine Handvoll liebevoll restaurierter Fachwerkhäuser inklusive einer großen Keramikwerkstatt. Hier wird gewohnt, gegärtnert und getöpfert. Nicht einfach so, sondern immer irgendwie ganz speziell. Schon der riesengroße Biogarten ist einzigartig. Er ist über eine in den Hang gebaute Natursteintreppe erreichbar und versorgt die Familie mit reichlich Obst und Gemüse. Einige Bienenvölker liefern köstlichen Honig und eine Ferienwohnung steht Gästen zur Verfügung, die sich nicht selten auch des Töpferns wegen für ein paar Tage auf dem Brölerhof einquartieren. Wer auf dem kleinen Vorplatz des Fachwerk-Ensembles vorfährt, erblickt neben dem reizvoll bepflanzten Gelände auch Schalen, Kannen, Fliesen, Tassen oder dekorative Accessoires, die auf einem Tisch arrangiert wurden und verteilt über das gesamte Grundstück so angenehm in Erscheinung treten. Sogleich zeigt sich deutlich, welch stilvolle Keramiken hier hergestellt werden. Betritt man das Werkstattgebäude, wird der Blick von einem zauberhaft gestalteten Keramikofen angezogen.

Getöpfert wird in kleinen Gruppen von etwa vier bis sechs Personen und ich sage es gleich vorweg: Töpfern in der Werkstatt des Brölerhofes kann süchtig machen! Warum das so ist, darüber habe ich in den letzten Tagen viel nachgedacht, da ich darum gebeten wurde, ein paar Zeilen zur Einleitung des vorliegenden Werkes beizutragen.

In der Tat müssen Töpferschüler von Dieter Baumann nicht mit Wulst- und anderen speziellen Anfängertechniken zur Herstellung von Keramik vorliebnehmen, es sei denn, dies sei ihr ausdrücklicher Wunsch. Selbst diejenigen, die nie zuvor ein Stück Ton in der Hand gehalten haben, um daraus eine Keramik zu gestalten, können gleich von Anfang an wie die Profis arbeiten.

Was genau unterscheidet denn nun einen Profi von einem Hobbytöpfer? Neben der besonderen Handfertigkeit sind es vor allem auch zahlreiche Hilfsmittel, auf die ein Profitöpfer zurückgreift, um vollkommene Ergebnisse zu erhalten.

Auch den Teilnehmern eines Töpferkurses auf dem Brölerhof stehen Hilfsmittel, wie etwa unzählige Gipsformen, zur Gestaltung ihrer Töpferwerke zur Verfügung. Sie dürfen daneben die vorhandenen Werkzeuge zum Ausstechen, Stempeln und fantasievollen Verzieren der Tonmasse benutzen. Natürlich ist auch die Kreativität der Töpferschüler ausdrücklich erwünscht. Herr Baumann steht jeder Idee seiner Schüler sehr aufgeschlossen gegenüber und versorgt die unwissenden Einsteiger mit verblüffenden Tipps und Anleitungen, die es ermöglichen, dass ihr Vorhaben einfach und nahezu perfekt in die Tat umgesetzt werden kann. So haben die Teilnehmer nach Beendigung des Kurses die Möglichkeit, gebrauchstüchtige wie auch stilvoll sehr ansprechende Werke mit nach Hause zu nehmen. Sogar die Töpferscheiben stehen interessierten Töpferschülern zur Verfügung und sie können hier auf Wunsch ihre ersten Drehversuche absolvieren.

Die Freiheit, eigene Kreationen zu erschaffen, sowie die fachliche Beratung durch den Kursleiter, dazu die Ausstattung einer professionellen Keramikwerkstatt machen wohl das Erfolgsgeheimnis der Töpferkurse auf dem Brölerhof aus. Man lernt ganz entspannt und wird während der Kurszeit, die leider immer viel zu schnell vorübergeht, scheinbar wie von selbst in die Kunst des Töpferns eingewiesen.

Ich freue mich sehr darüber, dass unter Mitarbeit meines Töpferlehrers Dieter Baumann nun ein gedrucktes Werk entstanden ist, mit dessen Hilfe noch viel mehr dem Töpfern gegenüber aufgeschlossene Menschen von den Arbeitsmethoden, die auf dem Brölerhof praktiziert werden, profitieren können. Ich wünsche dem Buch recht viele Leser und einen großartigen Erfolg.

Eine Töpferschülerin

Töpfern

Beim Töpferhandwerk handelt es sich um eines der ältesten Gewerbe der Welt. Bis heute hat das Modellieren und Gestalten mit Ton nichts von seiner Faszination eingebüßt. Es sind vor allem seine zahlreichen Gestaltungsmöglichkeiten, die den Ton zu einem so beliebten Material machen.

Tonkunst

Jeder, der mit Ton arbeitet, kann seinen Werken stets auch eine ganz persönliche Note verleihen. Der Werkstoff Ton lässt viel Raum für individuelle Kreationen. Gebrauchsgegenstände oder Dekorationen für Haus und Garten können modelliert oder auf der Töpferscheibe gedreht werden, Fliesen und Kacheln für Fußböden oder Wandbeläge gestaltet wie auch ganz individuelle Kunstgegenstände erschaffen werden. Der Kreativität und Fantasie des Töpfers oder der Töpferin sind keinerlei Grenzen gesetzt.

Ein uraltes Handwerk

Das Töpferhandwerk kann heute auf vielerlei Wegen erlernt werden. Ob man sich nun für einen Töpferkurs anmeldet und dann zunächst nur wenige Tage oder Wochen unter fachkundiger Anleitung den Umgang und das Gestalten mit Ton erlernt oder ob man sich zu einem professionellen Töpfer oder einer Töpferin ausbilden lassen möchte, ist eine persönliche Entscheidung.

Hinsichtlich des vorliegenden Werks spielt es keine wesentliche Rolle, ob man sich bereits zum Kreise der erfahrenen Töpfer zählen kann oder ob einem die Welt der Keramik noch gänzlich fremd ist. Die Freude und das Interesse an diesem wundervollen Handwerk verbinden Jung und Alt sowie Fachmann und Neuling.

Nicht nur Töpfer-Anfänger können sich im Buch informieren, auch Fachleute dürfen sich auf eine gute Mischung aus Töpfer-Technik und praktischen Beispielen freuen, stets durch anschauliches Bildmaterial ergänzt und in gut verständlichen Texten beschrieben.

Die im Buch vorgestellten Gestaltungsbeispiele motivieren zum Nacharbeiten wie auch zu eigenen Kreationen, Tagebucheintragungen

Eine interessante Variante einer dekorativen Stelenspitze

einer Töpferschülerin beschreiben das Erlernen des Drehens auf der Töpferscheibe vom ersten Drehversuch bis zum Anfertigen einiger Werkstücke von Gebrauchskeramik.

Für Töpferschüler, die gerade einen Töpferkurs besuchen, stellt das Buch also ebenfalls eine ideale Begleitung dar.

Auf den Spuren der ersten Töpfer ...

Wer das Töpfern heute erlernen möchte, interessiert sich mit Sicherheit auch für die Entstehung dieses uralten Handwerks. Zur Beantwortung der Frage, wann ein Mensch wohl zum allerersten Mal etwas aus Ton geformt und sein Werk anschließend durch Brand verfestigt hat, müssen wir schon recht weit zurückblicken. Die älteste Spur führt uns bis in die Jungsteinzeit. Mit Beginn des Ackerbaus vor etwa 13.000 Jahren wurden Vorratsgefäße benötigt, die den damals lebenden Menschen von großem Nutzen waren. Die ältesten Funde von Gebrauchskera-

mik stammen aus dem Altneolithikum (5500–5000 v. Chr.). Sehr viel später, in der Antike, wurde die Herstellung von Keramiken vor allem in Griechenland und China weiterentwickelt und verfeinert. Die Brenntechniken wurden erst im Laufe des 14. Jahrhunderts grundlegend verbessert, wodurch erstmals auch haltbares Steinzeug hergestellt werden konnte.

In Deutschland machte vor allem Siegburg als Töpferhochburg von sich reden. Siegburger Töpferwaren wurden damals in ganz Europa vertrieben. Seine erste Blütezeit erlebte das

Töpferhandwerk im 16. Jahrhundert. Der 30-jährige Krieg (1618–1648) setzte dieser Phase jedoch schon bald ein Ende. Die meisten Töpfer verließen die Stadt Siegburg und siedelten sich vorwiegend im Westerwald an.

Von Pillenwespen und Töpfervögeln

Zur Beantwortung der Frage, wer das Töpfern wohl erfunden hat, muss man sich hingegen ins Reich der Tiere begeben. Schaut man sich die aus Ton angefertigten Nestbauten einiger Vögel oder auch Insekten an, wird einem schnell klar, dass die sowohl formschönen als auch zweckmäßigen Werke mit Sicherheit gute Vorbilder für die allerersten menschlichen Töpferinnen und Töpfer gewesen sein müssen.

baut mehrere dieser kleinen Tongefäße, die ihrem Aussehen nach an bauchige alte Amphoren erinnern. Wir dürfen gerne darüber spekulieren, ob sich uralte Indianerstämme von der Pillenwespe zu eigenen Tonarbeiten inspirieren ließen. Tatsächlich übten bei ihnen vornehmlich weibliche Töpferinnen dieses Handwerk aus, so wie auch bei den Pillenwespen nur die Weibchen als Töpferinnen in Erscheinung treten.

Töpferwespe

Aus der Unterfamilie der Lehmwespen (Eumeninae) stammt die etwa 12–17 mm große **Pillenwespe** (*Eumenes* sp.), die auf einem schwarzen Körper dekorative gelbe Streifen trägt und sich so eindeutig als Wespe zu erkennen gibt. Pillenwespen (auch Töpferwespen genannt) leben wie alle Lehmwespen solitär. Sie bilden keine Staaten! Das bedeutet auch, dass sie keinen Stachel zur Abwehr von Feinden besitzen und es in ihrem Leben keinerlei Arbeitsteilung gibt. Jedes einzelne Weibchen baut für seine Nachkommen kunstvolle Brutzellen und stattet diese mit einem Nahrungsvorrat aus. Aus Sand oder Lehm werden nur 1 cm große bauchige Gefäße angefertigt, um darin kleine Beutetiere, meist Raupen, zu bevorraten. Das Ei der Wespe hängt an einem Stiel von der kragenartigen Öffnung der Brutzelle herab, sodass die später schlüpfende Made schnell und einfach zu ihrem Futter finden kann.

In kleinen Gruppen werden die Brutzellen aus Ton an Pflanzenstängel, Steine oder Holzstückchen geheftet. Jedes Wespenweibchen

Töpfervogel

Auch im Vogelreich gibt es töpfernde Spezies! Von den insgesamt 225 Arten der Familie der Töpfervögel (Furnariidae) sind es allerdings nur sechs Arten, die eine Vorliebe fürs Töpfern haben und dies auch leidenschaftlich das ganze Jahr über tun.

Töpfervogel

Der eigentliche **Töpfervogel** (*Furnarius rufus*) ist etwa 20 cm groß. Sein Gefieder tendiert von Braun über Hellbeige bis zu Rostbraun. Der in Südamerika in der La-Plata-Region beheimatete Vogel baut bis zu 5 kg schwere melonengroße Nester aus Ton. Zunächst beginnt er mit dem Aufbau von drei Seitenwänden, die schließlich in einem Dach auslaufen. Im Inneren befindet sich eine Brutkammer, die mit einer Zwischenwand vom Rest des Nestes abgetrennt ist. Durch den seitlichen Eingang des Nestes werden Wurzeln, Federn und Gras eingebracht, um die Brutkammer damit weich auszupolstern. Beide Partner beteiligen sich am Bau des stabilen Nestes, welches meist an einer erhöhten Stelle mit guter Aussicht errichtet wird. Unermüdlich schaffen die Vögel kleine Lehmbrocken heran, welche sie mit Hilfe von Schnabel und Beinen geschickt zu ihrem backofenförmigen Nest verbauen (*furnus* = Backofen).

Zur Verstärkung oder auch zum „Magern" der Baumasse versetzen die Vögel den nassen Lehm mit Pflanzenteilen, wozu Gras oder andere Halme und Stängel gehören. Diese Methode wurde bereits von jungsteinzeitlichen Töpfern angewendet, sodass wir vermuten können, dass sich die ersten Töpfer immer gerne auch Anregungen aus der Natur geholt haben.

Ton – Ein Rohstoff aus dem Tertiär

Die bei uns vorkommenden Tonrohstoffe zur Keramikherstellung stammen hauptsächlich aus Ablagerungen, die sich im Zeitalter des Tertiär (vor 65 bis 1,8 Mio. Jahren) gebildet haben. Tone bestehen zum größten Teil aus Tonmineralien und besitzen von ihrer Struktur her Korngrößen von im Mittel 0,002 mm. Ton zeichnet sich durch seine gute Formbarkeit aus. Er verhärtet sich erst durch das Brennen bei sehr hohen Temperaturen.

Die Tonmineralien entstanden einst durch Verwitterungsneubildungen. Eine Verwitterung von feldspatreichem Ausgangsgestein ist durch eine Abfuhr von Kieselsäure und Kalium sowie eine Anreicherung mit Aluminiumoxid und der Aufnahme von OH-Baugruppen (Basen, Hydroxidionen) gekennzeichnet. Der Chemiker bezeichnet Tone daher auch als hydroxidhaltige Aluminiumsilikate. Hohe Temperaturen und reichlich Niederschläge sowie niedrige pH-Werte begünstigen den Zersatz des Gesteins. Das Hauptbildungsmilieu von Ton liegt auf dem Festland. Durch Wind, Eis, Erdrutsch oder den Transport in Flüssen werden die Tonminerale jedoch teils abgetragen und an anderen Lagerstätten abgelagert (= sedimentiert). Abgelagert werden sie vor allem in vorhandenen flachen Gewässern, z. B. in Seen.

Die abgelagerten Tonschlämme werden durch eine zunehmende Auflast an Sedimenten allmählich verdichtet. Im Laufe von mehreren Hunderttausend Jahren entsteht aus einem zunächst noch dünnflüssigen Ton-Wasser-Gemisch ein plastischer Ton mit halbfester Konsistenz. Je nach Lagerstätte wird der Ton mit den jeweils ortstypischen organischen Substanzen und Mineralien angereichert und erhält dadurch seinen für den Lagerort ganz typischen Charakter.

INFO | **Tonvorkommen**

Gebiete mit bedeutenden Vorkommen plastischer Tone aus dem Tertiär sind Mitteldeutschland, die Oberpfalz sowie der Westerwald. Im Westerwald befinden sich die sowohl mengenmäßig größten wie auch die reinsten und hochwertigsten Tonvorkommen Europas.

Wie wird Ton zum Töpfern hergestellt?

Tonmasse oder Tonmehle, welche von Töpfern und Töpferinnen zur Herstellung von Keramik benötigt werden, haben mit dem Ton an der Entnahmestelle eines natürlichen Tonvorkommens nicht mehr viel gemein. Die keramischen Arbeitsmassen werden nach einer genau definierten Rezeptur hergestellt. Die verschiedenen Komponenten werden zum Teil vorgebrannt, dann in Trommelmühlen vermahlen, anschließend unter Zugabe von Wasser eingeschlämmt. Das Wasser wird anschließend filtriert, der entstandene „Filterkuchen" getrocknet und nochmals fein gemahlen. In Form von Tonmehlen kann die Rohmasse nun gelagert werden. Um aus dem Tonmehl wieder eine Masse zum Verarbeiten

herzustellen, muss wieder Wasser zugesetzt und der Ton nun gründlich geknetet und entlüftet werden. Dieses Vorgehen liegt vor allem in der Struktur des Tons begründet, der unter dem Mikroskop betrachtet aus lauter winzig kleinen, kreuz und quer angeordneten Stäbchen besteht.

Das Ziel besteht in einer homogenen, blasenfreien und geschmeidigen Arbeitsmasse. In manchen Töpferwerkstätten wird dieser Prozess zum Teil noch in mühseliger Handarbeit durchgeführt. Meist übernehmen heute jedoch Maschinen diese Arbeit und es entsteht eine fertige Tonmasse, die entweder in Blöcken oder auch in bereits gewalzten Platten zur direkten Verarbeitung zur Verfügung steht.

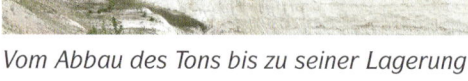

Vom Abbau des Tons bis zu seiner Lagerung

Erste Vorbereitungen

Bevor es frisch ans „Töpfer"-Werk gehen kann, ist ein wenig Planung sinnvoll. Gut informiert lassen sich viele Fehler sowie auch Enttäuschungen vermeiden. Für einen **erfolgreichen Start** in die Welt des Töpferns sollte man sich daher vorab mit **folgenden Fragen** näher beschäftigen:

- Habe ich schon eine Vorstellung davon, was ich herstellen möchte?
- Woher bekomme ich die Tonmasse und welcher Ton ist der richtige für mich?
- Gibt es eine Keramikwerkstatt in meiner Nähe?
- Habe ich die Möglichkeit, irgendwo einen Brennofen oder ene Töpferscheibe mitzubenutzen?
- Benötige ich spezielles Werkzeug?

Habe ich schon eine Vorstellung davon, was ich herstellen möchte?
Jemand, der mit dem Töpfern beginnt, hat nur selten ganz konkrete Vorstellungen davon, wie seine selbst getöpferten Werke später aussehen sollen. Meist existieren eher vage Ideen der gewünschten Keramiken. Hinzu kommt, dass kaum jemand auf Anhieb weiß, was alles aus Ton hergestellt werden kann. Häufig können die geplanten Keramikprojekte jedoch einem bestimmten Themenbereich zugeordnet werden. Sollen überwiegend Zierobjekte oder vor allem Gegenstände des täglichen Gebrauchs, wie etwa Vasen, Kannen oder Schalen, hergestellt werden? Hat man vor, die Keramikwerke im Haus aufzustellen, möchte man sie in der Küche verwenden oder ausnahmslos den Garten mit ihnen verschönern?

Die Antworten zu diesen Fragen führen uns zur zweiten Frage, die sich mit der Beschaffung sowie der Auswahl des richtigen Tons beschäftigt.

Woher bekomme ich die Tonmasse und welcher Ton ist der richtige für mich?

Am günstigsten ist Ton meist im Fachhandel für Keramikbedarf erhältlich. Dieser bietet in der Regel auch eine sehr große Auswahl an ganz verschiedenen Tonarten an. Aus den Angaben auf der Verpackung des Tons, der meist in Gebinden zu 10 kg angeboten wird, wird ein Laie jedoch nur selten schlau. Der Rat eines Fachmanns ist daher unumgänglich.

Bestehen auch nach dem Besuch des Fachgeschäfts noch ungeklärte Fragen, gibt es im Grunde nur noch zwei Möglichkeiten, diese zu klären: Man informiert sich mit Hilfe entsprechender Fachliteratur oder befragt einen erfahrenen Töpfer bzw. eine erfahrene Töpferin, womit wir auch schon bei Frage 3 wären.

Gibt es eine Keramikwerkstatt in meiner Nähe?

Glücklich ist, wer einen erfahrenen Töpfer oder eine Töpferin in seinem Bekanntenkreis hat. Eine bessere Beratung, als die durch einen erfahrenen Fachmann oder eine Fachfrau gibt es nicht. Keramikwerkstätten können unter anderem über die „Gelben Seiten" oder andere Branchenbücher der Region sowie mit Hilfe von Suchmaschinen im Internet ausfindig gemacht werden. Ist man hier fündig geworden, fragt man am besten nach einem Termin.

Manchmal findet man auch erst im zweiten oder dritten Anlauf eine Keramikwerkstatt, die den eigenen Fragen offen gegenübersteht. Ausdauer wird hier belohnt.

Ein **Keramiker** kann

- eine Tonart empfehlen,
- Tipps zum Verarbeiten des Tons geben,
- kreative Gestaltungsideen aufzeigen,
- über die richtige Brenntemperatur informieren und
- Basiswissen zum Glasieren der Keramiken vermitteln.

Fantasievolle Gartenkeramik

Manchmal kann im Zuge dessen auch gleich die vierte Frage, nämlich die nach der Mitbenutzung eines Brennofens oder auch einer Töpferscheibe beantwortet werden.

Habe ich die Möglichkeit, irgendwo einen Brennofen oder eine Töpferscheibe mitzubenutzen?

Nicht jede Werkstatt wird dazu bereit sein, die getöpferten Werke von Besuchern im eigenen Ofen mitzubrennen. Wer jedoch zu Hause in den eigenen vier Wänden mit dem Töpfern beginnt, steht mit Sicherheit schon bald vor der Frage, wo er seine Tonwerke brennen lassen kann. Gibt es keine öffentliche Einrichtung in der Umgebung, in deren Besitz ein Brennofen ist, welchen man mitbenutzen könnte, bleibt nur der Gang in eine Keramikwerkstatt. Vielleicht bekommt man dort einen entscheidenden Tipp oder die Möglichkeit, an einem Kurs

In einer Keramikwerkstatt können sich Töpferschüler inspirieren lassen.

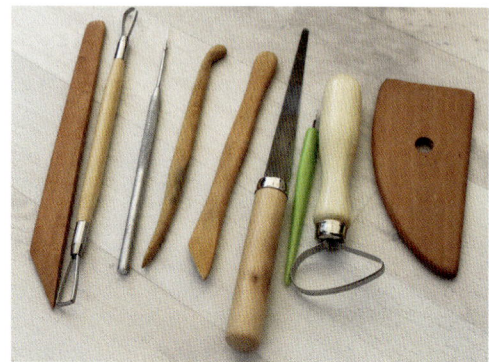

Umfangreiches Set verschiedener Modellierwerkzeuge

teilzunehmen. Diese Gelegenheit sollte man unbedingt wahrnehmen, da man im Rahmen eines Kurses fachkundige Anleitung erhält und das Brennen nicht selten ein Bestandteil des Kurses ist. Diese Frage sollte vorab mit der Kursleitung geklärt werden.

Möchte man die Töpferkunst anschließend noch weiter vertiefen, lohnte sich gar die Anschaffung eines eigenen kleinen Brennofens. Auch ein gemeinsam genutzter Ofen wäre eine interessante Option. Der Kontakt zu Gleichgesinnten lässt sich nicht zuletzt während eines gemeinsamen Töpferkurses herstellen. Ein erfahrener Töpfer oder eine Töpferin kann mit Sicherheit auch nützliche Tipps geben und damit verhindern, dass es zu einem Fehlkauf kommt.

Wer das Drehen an einer Töpferscheibe erlernen möchte, wird nicht selten die ersten Drehversuche an einer fremden Scheibe machen. Meist wird dann schnell klar, ob man sich ernsthaft für das Scheibendrehen interessiert und sich die Anschaffung einer eigenen Töpferscheibe somit auch wirklich lohnt.

Sind nun die Rahmenbedingungen für ein erfolgreiches Töpfern geschaffen, fehlt noch die Frage, ob weiteres Zubehör zum Ausüben des neuen Hobbys benötigt wird.

Benötige ich spezielles Werkzeug?

Zum Handwerkszeug eines Töpfers lässt sich so viel sagen, dass zunächst einmal nichts verboten ist, um als Hilfsmittel beim Bearbeiten des Tons eingesetzt zu werden.

Zur Bearbeitung von Ton haben sich speziell angefertigte **Modellierhölzer** äußerst gut bewährt, doch hierbei kann im Grunde noch weit mehr verwendet werden:

- Messer mit verschiedenen Klingen
- Nudelholz zum Walzen des Tons
- Formen zum Ausstechen
- Drahtschlingen mit Holzgriff
- Gummihandschuhe zum Glätten
- Gegenstände mit Reliefs zum Stempeln
- Nadeln zum Einritzen und vieles mehr

Man darf ruhig ein wenig experimentieren und nach Herzenslust ausprobieren, mit welchen Gegenständen man am besten arbeiten kann. Wer ein wenig Geld anlegen möchte, findet ein umfangreiches Werkzeugsortiment in jedem gut sortierten Fachgeschäft.

Tonarten, Brennen und Glasieren

Damit die aus Ton gestalteten Werkstücke zu langlebigen und formstabilen Gebrauchsgegenständen werden, müssen sie unter hohen Temperaturen gebrannt werden. Tonart und Brenntemperatur sind dabei mitentscheidend für die spätere Qualität des getöpferten Werkes. Die Brenntemperaturen sind auch beim zweiten Brand, dem Glasurbrand, stark abhängig von der verwendeten Tonart. Es ist also wichtig, die Eigenschaften verschiedener Tone und die Abläufe beim Brennvorgang zu kennen, um schöne und funktionstüchtige Tonobjekte zu erhalten. Beim Brennen bildet der Ton ganz unterschiedliche Farben aus, je nach Tonart und Brenntemperatur. Auch darauf wird im Folgenden eingegangen.

INFO | **Schamott(e)**

„Schamott" oder auch „Schamotte" sind hoch gebrannte Tone, die auf bestimmte Korngrößen zermahlen werden. Damit eine Tonmasse beim Formen von größeren Gegenständen eine höhere Stabilität erhält und Spannungen während des Brennens besser aufgenommen werden, wird sie mit einem Anteil an Schamott versetzt. Für kleine Werkstücke und die Abbildung sehr feiner Details wird hingegen ein Ton mit geringem Schamottanteil benötigt.

Zum Drehen wird gar unschamottierter oder ganz fein schamottierter Ton verwendet. Dies geschieht vor allem auch zur Schonung der Hände des Scheibendrehers, durch dessen Handflächen der Ton oft viele Stunden lang gleitet. Ein hoher Anteil an grobem Schamott würde das Drehen schmerzhaft oder gar unmöglich machen.

Die Auswahl der Tonmasse

Gerade für Töpfer-Anfänger ist es nicht ganz einfach, den für das eigene Vorhaben richtigen Ton zu finden. Es gilt, aus dem übergroßen Angebot an unterschiedlichen Tonmassen auszuwählen. Hierbei sollte man sich ruhig ein wenig Zeit nehmen und sich mit den besonderen Eigenschaften der im Handel angebotenen Tonmassen auseinandersetzen.

Es gibt **weiße**, **cremefarbene**, **rote**, **gelbe**, **lachsfarbene** oder **braun** bis **schwarz brennende Tonsorten** mit Schamottanteilen von 25–50 %, wobei hier wiederum zwischen feinem und grobem Schamott unterschieden wird.

> **TIPP** | **Schamottanteil beachten**
>
> Tonmasse mit einem hohen Schamottanteil ist für die Herstellung von Fliesen und Kacheln der ideale Werkstoff.

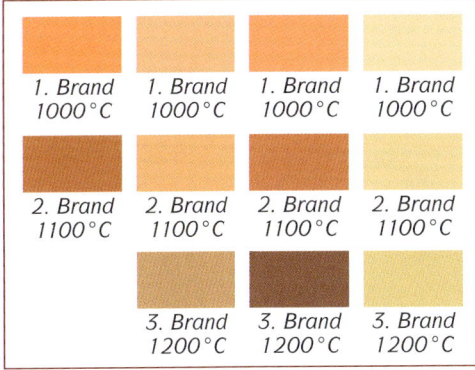

1. Brand 1000 °C	1. Brand 1000 °C	1. Brand 1000 °C	1. Brand 1000 °C
2. Brand 1100 °C	2. Brand 1100 °C	2. Brand 1100 °C	2. Brand 1100 °C
	3. Brand 1200 °C	3. Brand 1200 °C	3. Brand 1200 °C

Mit jedem Brennvorgang ändert der Ton (oben vier Tonarten) seine Farbe.

Toneigenschaften

Die technischen Informationen zu den besonderen Eigenschaften von Tonmassen werden vom Hersteller meist in übersichtlichen Tabellen dokumentiert.

Folgende Angaben sind für Töpfer wichtig:

- **Schamottierung:** Der Anteil an Schamott wird sowohl prozentual angegeben als auch in Form der Größe der Körnung in Millimetern (von 0–0,2 mm) (fein- bis grobschamottiert).
- **Schwindung (%):** Die gesamte Schwindung einer Tonmasse ergibt sich aus der Trockenschwindung (TS) und der Brennschwindung bei der verwendeten Brenntemperatur. Diese beiden Prozentwerte müssen addiert werden.
- **Wasseraufnahme (%):** Die Wasseraufnahmefähigkeit einer gebrannten Keramik bewegt sich im Bereich von 0 bis etwa 14 Prozentpunkten, je nach verwendeter Brenntemperatur und Tonsorte. Niedrige Werte von etwa 1–3 % nach dem Brennen weisen auf eine relative Frosthärte der Keramik hin.

Wie wird das Schrumpfmaß berechnet?

Manchmal muss eine Keramik eine exakt vorgegebene Größe erhalten, wie etwa bei einer Verwendung als Einlage für einen Tisch, bei einer gefliesten Wand- oder Bodenfläche oder einem anderen von seiner Größe her exakt vorgegebenen Keramik-Projekt. Dann ist es von entscheidender Bedeutung, die Schwindung, also den prozentualen Faktor, um den eine Tonmasse während des Trocknens und Brennens schrumpft, sehr genau zu kennen. Nicht immer kann man sich auf Angaben der Hersteller verlassen und es ist sinnvoll, das Schrumpfmaß vor dem Anfertigen der Keramik selbst zu berechnen.

Um die Schwindung einer Tonsorte exakt auszurechnen, wird zunächst eine Probe gebrannt. Man schneidet hierzu einen Tonstreifen in einer exakt ausgemessenen Länge aus ei-

ner gewalzten Tonplatte, lässt diesen zunächst trocknen und brennt ihn dann zweimal mit der vom Hersteller vorgegebenen Brenntemperatur. Nach dem zweiten Brand wird wieder Maß genommen. Mittels der Längendifferenz dieses Tonstreifens kann nun das exakte Schrumpfmaß errechnet werden.

Das Schrumpfmaß wird ermittelt.

Beispiel

Wir schneiden einen Streifen Ton aus einer Platte, die 30 cm (= 300 mm) lang ist. Wir notieren Länge des Streifens sowie Brenntemperaturen beim ersten und zweiten Brennen. Der Streifen misst nach dem zweiten Brand nur noch 27,9 cm. Er ist demnach von 300 mm um 21 mm auf 279 mm geschrumpft. Das Schrumpfmaß (= Schwindung) beträgt in diesem Fall genau 7 %.

Dem liegt folgende **Rechnung** zugrunde:
21 : 300 x 100 = 7

Wäre der Tonstreifen nach dem zweiten Brand nur noch 27,5 cm lang, wäre demnach also um 25 mm geschrumpft, ergäbe sich folgende **Rechnung**:
25 : 300 x 100 = 8,33

Die Schrumpfung betrüge in diesem Fall 8,33 %.

Rohlinge vor dem Brennen

Die Brenntechnik

Der Schrühbrand

Nach einer Trocknungsphase von mehreren Tagen werden die Rohlinge in den Brennofen geräumt. Sie dürfen sich dabei auch berühren oder übereinanderliegen. Dieser erste Brand wird **Schrüh-** oder **Rohbrand** genannt. Die Temperatur im Brennofen soll zunächst nur langsam und nicht mehr als um 100 °C pro Stunde ansteigen. Sind etwa 570 °C erreicht, findet der sogenannte **Quarzsprung** statt: Der Ton verändert seine Zustandsform, indem er fest wird. Der Ofen wird nun weiter aufgeheizt, bis zu einer Temperatur von etwa 900 °C. Dieses weitere Aufheizen kann nun etwas schnel-ler erfolgen. Während der anschließenden Abkühlphase sollte der Ofen keinesfalls geöffnet werden! Erst bei einer Innentemperatur von etwa 140 °C darf man die Tür des Brennofens schließlich öffnen.

Allerdings gereicht die Festigkeitsstufe der geschrühten Keramik noch nicht zu deren dauerhaften Nutzung. Das Tonwerk hat zwar seinen Zustand und auch seine Farbe verändert, ist allerdings immer noch in der Lage, relativ viel Feuchtigkeit aufzunehmen. Das ist vor allem auch wichtig, wenn vor dem zweiten Brand eine Glasur aufgetragen wird.

Um wirtschaftlich zu brennen, muss im Ofen sehr sorgfältig geschlichtet werden.

Die geschrühten Tonobjekte

HINWEIS | Schrühbrand

Der geschrühte Ton ist noch in der Lage, eine Glasur gut anzunehmen.

TIPP | Trockengrad feststellen

Ob ein Tonrohling ausreichend getrocknet und damit für den ersten Brand (Schrühbrand) bereit ist, erkennt man am ehesten, indem man eine Glasscheibe an die Öffnung des Brennofens hält. Ein Beschlagen des Glases würde auf zu feuchte Rohlinge im Inneren des Ofens hinweisen. Eine andere Möglichkeit, um die ausreichende Trocknung zu überprüfen, besteht darin, die Rohlinge vor dem Brennen auf einen warmen Untergrund zu stellen. Hinterlassen sie dort einen feuchten Abdruck, sind sie noch zu feucht für den Brennofen.

Trocknende Tonrohlinge (links). Mangelhaft getrocknete Rohlinge können beim Brennen zerplatzen (rechts).

Zustandsformen von Ton

Von der Verarbeitung bis zum abschließenden Glasurbrand verändert Ton mehrfach seinen Zustand wie auch sein Aussehen. Im Wesentlichen sind es vier Zustandsformen, die man hier unterscheiden kann (v. l. n. r.):

- Nass
- getrocknet
- geschrüht
- Glasurbrand

Der Glasurbrand

Generell wird beim zweiten Brand einer Keramik auch vom sogenannten Glasurbrand gesprochen. Eine Glasur muss jedoch nicht zwingend aufgetragen werden. So manches Werk bleibt auch unglasiert. Erst dieser zweite Brand bei sehr hohen Temperaturen macht aus dem getöpferten Werk eine gebrauchstüchtige Keramik.

Beim Brennen mit höheren Temperaturen jenseits der 1.000 °C beginnt Ton zu „versintern". Er verglast. Erst nach dem vollständigen Versintern ist das Material nicht mehr in der Lage, Feuchtigkeit aufzunehmen, worin auch seine Frostfestigkeit begründet wäre. Doch besitzt jede Tonsorte ihre ganz eigenen Brenneigenschaften und nicht jede zweimal gebrannte Keramik ist daher automatisch frostfest.

Würde man den Ton außerdem bei zu hohen Temperaturen brennen, würde die Masse wieder flüssig werden, das Töpferwerk wäre damit vollständig ruiniert. Aus diesem Grunde muss sehr genau auf das Einhalten der korrekten Temperatur beim zweiten Brand der Keramik geachtet werden. Die vom Hersteller vorgegebene Höchsttemperatur darf auf keinen Fall überschritten werden.

Durch eine schöne Glasur werden die Keramiken auch küchentauglich.

Aufheizen – halten – abkühlen

Beim Glasurbrand wird der Ofen in der ersten Aufheizphase in etwa drei Stunden auf 500 °C gebracht, anschließend so schnell wie möglich, also „volllast" auf die anvisierte Höchsttemperatur, die je nach Tonsorte und verwendeter Glasur meist zwischen 1.040 °C und 1.300 °C liegt. Diese Temperatur wird nun etwa 20 Minuten lang gehalten, bevor der Ofen wieder heruntergekühlt werden kann.

Der Ofen bleibt noch bis zu einer Temperatur von etwa 200 °C geschlossen, erst dann kann

Aus ökonomischen Gründen muss ein Brenn-ofen stets sehr sorgfältig eingeräumt werden.

er einen kleinen Spalt breit geöffnet werden. Damit keine Sprünge in der Glasur entstehen, lässt man die Keramiken sehr langsam aus-kühlen.

WICHTIG | Brenntemperatur

Beim Glasurbrand muss sehr genau auf die Ein-haltung der richtigen Brenntemperatur geachtet werden. Diese ist abhängig vom Schmelzbereich der Glasur sowie auch vom verwendeten Ton. Nur wenn diese drei Komponenten, also Gla-sur, Tonsorte und Brenntemperatur, miteinander harmonieren, kann ein schönes Brennergebnis erzielt werden.

WICHTIG | Entlüftung

Der Brennofen sollte in einem gut gelüfteten Raum stehen. Da austretende Abgase die Gesundheit gefährden können, sollten diese nach Möglichkeit über ein Abluftrohr ins Freie geleitet werden.

Pyrometrische Kegel zum Messen der Brenntemperatur

Manchmal kommt es auch bei erfahrenen Kera-mikern zu fehlerhaften Ergebnissen beim Bren-nen und Glasieren der getöpferten Werke. Falls diese Misserfolge gehäuft auftreten und man sich

deren Entstehung nicht so recht erklären kann, ist nicht selten eine fehlerhafte bzw. ungenaue Temperaturanzeige des Brennofens die Ursache. Normalerweise besitzt ein Brennofen eine digi-tale Steuerung, mit deren Hilfe man Temperatur sowie auch deren Verlauf (= Brennkurve) einstel-len kann. Allerdings wird die Temperatur häufig nicht absolut richtig angezeigt, außerdem gibt es in jedem Brennofen auch ganz unterschiedliche Temperaturbereiche, je nachdem, ob man die Temperatur oben, unten, vorne oder hinten im Ofen messen würde. Pyrometrische Kegel sind das ideale Hilfsmittel, um die Temperaturen im eigenen Brennofen sehr genau zu messen.

Segerkegel

Die vom Keramiker Hermann Seger im Jahre 1885 entwickelten Segerkegel dienten einst vor allem zur Bestimmung der Feuerfestigkeit einer Tonmasse. Heute misst man mit ihrer Hilfe in der Hauptsache die exakten tatsäch-lichen Temperaturen, die in einem Brennofen erreicht werden. Davon ausgehend, dass die digital angezeigte Temperatur eines Brennofens nicht unbedingt auch im Ofen selbst sowie in den verschiedenen Regionen eines Brennofens nicht überall gleichmäßig vorhanden ist, kann ein Segerkegel wesentlich genauere Daten zur Brenntemperatur liefern.

Man stellt gewöhnlich drei Kegel hintereinan-der auf. Jeder der drei Kegel deckt einen ganz bestimmten Temperaturbereich ab. Sobald eine Kegelspitze vollständig umgekippt ist und den Boden berührt, ist die sogenannte **Kegel-falltemperatur** erreicht. Der vordere der drei Kegel wird so gewählt, dass er schon bei rund 25 °C unterhalb der Temperatur fällt, die man erreichen möchte, der mittlere Kegel würde exakt bei der Zieltemperatur fallen, der dritte Kegel bei 25 °C oberhalb der Zieltemperatur. Er dient daher als Wächter und sollte nicht komplett umgefallen sein. Wenn die Spitze des

Mit je drei Segerkegeln wird die Temperatur im Ofen exakt bestimmt.

dritten Kegels sich zu neigen beginnt, wurde die Zieltemperatur bereits erreicht.

Es gibt unzählige verschiedene Kegel, die jeder für sich einen unterschiedlichen Temperaturbereich abdecken. Einer umfangreichen Segerkegel-Tabelle kann entnommen werden, welche Kegel bei welcher Temperatur fallen. Die eigenen Ergebnisse notiert man sorgfältig

in einer eigenen Tabelle. Platziert man gleich mehrere Segerkegelvorrichtungen, bestehend aus jeweils drei Kegeln, im Brennofen, können vor allem auch Temperaturschwankungen innerhalb des Ofens exakt bestimmt werden. Die Temperatur in einem Brennofen unterliegt nicht selten Schwankungen von bis zu 30 °C, je nachdem, ob man sie oben, unten, hinten oder vorne im Ofen messen würde. Nur wenn der Töpfer die Temperaturen im eigenen Brennofen exakt kennt, können zufriedenstellende Brennergebnisse erzielt werden. Das Einhalten exakter Temperaturen ist vor allem beim zweiten Brand, dem Glasurbrand, wichtig.

> **HINWEIS** | **Alternative**
>
> Alternativ zu Segerkegeln können auch Ortonkegel verwendet werden. Deren Kegelfalltemperaturen entnimmt man einer entsprechenden Tabelle. Sie werden in gleicher Weise wie Segerkegel verwendet.

Glasuren

In Bezug auf getöpferte Gegenstände dienen Glasuren in der Hauptsache dazu, die Oberfläche des keramischen Werkes zu veredeln sowie glasartig zu verschließen. Viele Keramik-Werke werden erst durch eine Glasur gebrauchs- oder

küchentauglich. Glasuren bestehen chemisch gesehen aus einem Gemisch an Mineralmehlen. Zu ihnen zählen etwa Kieselsäure (in Form von Quarzmehl), Alkalioxide (meist in Form von Feldspat oder Kreide), Bor- und Bleiverbindungen.

Glasuren in den unterschiedlichsten Farben

Am sichersten für Anfänger ist die Verwendung von Fertigglasuren, die man mit Wasser zu einer sämigen Lösung anrührt. Es können auch schon fertig angerührte Flüssigglasuren verwendet werden. Eine weitere und ebenfalls leicht umzusetzende Möglichkeit besteht darin, einer Transparentglasur einzelne Farbkörper beizumischen.

Die Farbpalette

Glasuren gibt es in unendlich vielen Farbnuancen. Die oben angesprochenen Fertigglasuren sind zudem sehr preisgünstig und einfach in der Anwendung. Sie versprechen ein sicheres Brennergebnis, insofern die vom Hersteller angegebenen Brenntemperaturen eingehalten werden. Dennoch lassen es sich die meisten Töpfer nicht nehmen, ihre Glasuren auch selbst zu mischen. Die Ergebnisse sind hierbei oft individueller und es können besondere Farben wie auch Glasureffekte erzielt werden.

Glasurmischungen

Es gibt eine unüberschaubare Anzahl an Glasurmischungen. Oftmals entstehen auch durch das Ausprobieren eigener Rezepte interessante Ergebnisse.

Beim selbstständigen Zusammenmischen einer Glasur müssen die einzelnen zugefügten Bestandteile stets ausgewogen darin vorhanden sein. Ist etwa der Quarzgehalt einer Glasur zu hoch, kann es noch während des Trocknens zum Abblättern der Glasur an den Rändern der Keramik kommen. In diesem Fall muss der Anteil eines Flussmittels erhöht werden. Zu den Flussmitteln zählen beispielsweise Alkalioxide (z. B. Feldspat), Boroxide und Bleioxide. Bleioxide setzen vor allem den Schmelzpunkt einer Glasur herunter, was gesundheitlich nicht ganz unbedenklich sein kann.

Tonerde (z. B. Kaolin) wird einer Glasurmischung zugegeben, um einerseits eine gute Verbindung von Glasur und Keramik zu erhal-

Eine schöne Glasur vollendet die Keramik!

ten und auch um die Glasuren härter und beständiger zu machen. Ein Zuviel an Tonerde würde allerdings den Schmelzpunkt erhöhen sowie eine Trübung der Glasur zur Folge haben. Letzteres kann aber durchaus erwünscht sein.

Transparentglasur zum Selbstmischen – Brenntemperatur 1.200 °C

Um 1 kg Glasur zu erhalten, werden folgende Komponenten miteinander vermischt:

290 g Natronfeldspat
280 g Quarz
140 g Kaolin
100 g Kalkspat
60 g Zinkoxid
60 g Dolomit
50 g Bariumcarbonat
20 g Bentonit

Diese Transparentglasur eignet sich hervorragend zum Einfärben mit Farbkörpern oder Farboxiden.

Beispiel 1: 500 g Transparentglasur nach obigem Rezept wird mit 24 g orange-roten Farbkörpern und 4 g Eisenoxid vermischt. Es entsteht ein interessanter, sehr warmer Rotton.

Beispiel 2: 500 g Transparentglasur nach obigem Rezept wird mit 30 g lilafarbenen Farbkörpern vermischt. Es entsteht ein zarter violetter Farbton.

Beispiel 1   *Beispiel 2*

Dem Keramiker stehen unendlich viele Farben, fertig gekauft oder selbst gemischt, zur Verfügung.

Färbende Metalloxide

Metalloxid	Entstehende Farbe
Kobaltoxid	Blau
Kupferoxid	Türkis bis Grün
Eisenoxid	Honiggelb bis Braunschwarz
Mangan	Braun bis Lila in alkalireichen Glasuren
Chromoxid	Grün bis Grünmetallic
Nickeloxid	Grau bis Graugrün
Zinnoxid	Trübungsmittel für weiße Glasuren

Giftstoffe in Keramiken?

In der Tat enthalten Glasurmischungen oft giftige Bestandteile. Vorsicht ist vor allem bei niedrig gebrannten Keramikglasuren angebracht. Es handelt sich hierbei um reine Zierobjekte mit aufgebrachten bunten Engoben, die bei einem

Zum Einfärben einer Transparentglasur sind häufig minimale Mengen eines farbigen Metalloxides nötig. Eine Waage, die zehntel oder sogar hundertstel Gramm anzeigen kann, wird benötigt.

Gebrauch noch Substanzen abgeben können und somit nicht in Zusammenhang mit säurehaltigen Nahrungsmitteln verwendet werden dürfen.

Bei hohen Brenntemperaturen verglasen die Glasurbestandteile und sind damit fest in der Oberfläche der Keramik gebunden. Außerdem

kann beim Brennen mit sehr hohen Temperaturen auch auf die Zugabe der meisten giftigen Bestandteile einer Glasur verzichtet werden. Hier wäre vor allem auch Bleioxid zu nennen, welches der Glasur vor allem zum Herabsetzen der Brenntemperatur zugegeben wird.

INFO | **Definition**

Als Engobe bezeichnet man eine dünnflüssige Tonmineralmasse, die zum Einfärben und Beschichten von Keramikobjekten dient.

WICHTIG | **Ofen geschlossen halten**

Der Ofen darf niemals während des Brennvorgangs geöffnet werden! Notfalls die Ofentür mit einem Vorhängeschloss sichern oder den Brennraum abschließen!

Glasurtechniken

Die Glasuren können mit Hilfe verschiedener Techniken auf die geschrühte Keramik aufge-

Eine selbst gemischte rote Glasur mit Charme und Charakter

tragen werden. Wir unterscheiden zwischen Pinseln, Sprühen, Tauchen, Übergießen oder Aufwischen mit einem Schwamm.

Pinseln

Die pulverisierte Glasur wird mit wenig Wasser angerührt (Abb. 1) und kann mit einem Pinsel auf die Keramik aufgetragen werden. Das geschieht entweder auf der unglasierten Keramikoberfläche oder auf einer bereits vorglasierten Fläche (Glasur in Glasur) (Abb. 2).

Um in eine zuvor auf die Keramik aufgetragene Glasur hineinzumalen, benötigt man schon etwas Übung. Rohe Flüssigglasuren trocknen sehr schnell und bleiben dann als Pulver auf der noch ungebrannten Keramik liegen.

Soll nun eine weitere Glasurfarbe darüber aufgetragen werden, wird diese von der bereits vorhandenen (getrockneten) Glasur stark aufgesaugt. In der Folge muss der Pinsel oft neu angesetzt werden, um eine Linie zu zeichnen.

Die angerührte Glasur muss zwischendurch mehrfach aufgerührt werden, um eine gleichmäßige Farbgebung zu erhalten.

Abb. 1

Abb. 2

Möchte man zum Pinseln die Hand aufstützen, so legt man diese immer auf ein Brettchen oder ein Stück Pappe, um die darunterliegende Keramik zu schützen und bereits aufgetragene Glasuren nicht zu verwischen (Abb. 2).

Aufwischen mit einem Schwamm

Interessante Glasureffekte können erzielt werden, wenn eine flüssige Glasur mit einem Schwamm auf eine Keramik aufgetragen und anschließend gleich wieder abgewischt wird (Abb. 1).

Die Glasurfarbe bleibt nur in Vertiefungen zurück und bildet leuchtende Farbkontraste auf der ansonsten unglasierten Keramik (Abb. 2).

Abb. 1

Abb. 2

wie etwa das Dach eines kleinen Hauses (Abb. 1–4). Voraussetzung für eine Tauchglasur ist ein ausreichend großes Behältnis zum Eintauchen der Tonwerke. Als sinnvolles Hilfsmittel dient hierbei eine spezielle Zange zum Greifen der Keramik während des Tauchvorgangs.

Abb. 1

Abb. 2

Abb. 3

Tauchen

Schöne gleichmäßige Glasuren entstehen beim Eintauchen von Keramikobjekten in eine mit Wasser sämig angerührte Glasur. Das funktioniert natürlich nur, wenn entweder das gesamte Werk in der entsprechenden Farbe glasiert werden soll oder für linear abgrenzbare Bereiche,

Abb. 4

Sprühen mit einer Spritzpistole

Mit einer druckluftbetriebenen Spritzpistole können Keramiken sehr schnell und gleichmäßig glasiert werden. Man benötigt hierfür einen entsprechenden Kompressor sowie eine Spritzkabine. Das getöpferte Werk wird auf einen drehbaren Untersatz gestellt oder gelegt und nun gleichmäßig dünn von allen Seiten mit flüssiger Glasur besprüht (Abb. 1). Die Spritzkabine nimmt feine Staubpartikel in einem Filter auf und sorgt somit für ein gesünderes Arbeitsklima.

Übergießen

Will man Keramikobjekte mit flüssiger Glasur übergießen, füllt man eine entsprechende Menge Glasur in einen Topf mit Ausgießer und hält die Keramik dann über einen Eimer, um die Glasur dort aufzufangen (Abb. 1). Sehr nützlich hierbei ist eine spezielle Greifzange, mit der die Keramik während des Übergießens festgehalten werden kann (Abb. 2, 3).

Abb. 1

Abb. 1

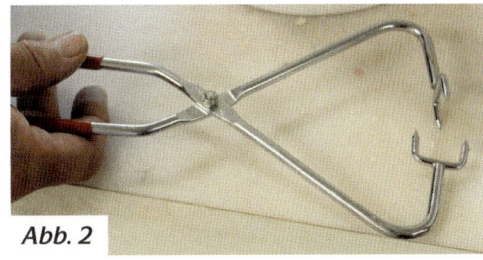

Abb. 2

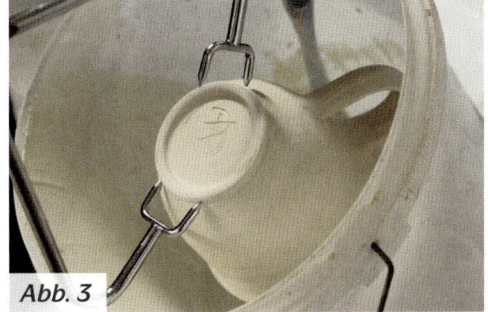

Abb. 3

Gipsformen herstellen

Möchte man ein Motiv mehrfach in Ton formen und zu einer Keramik brennen, ist es von großem Wert, wenn man von dem entsprechenden Motiv eine Gipsform besitzt.

Manchmal gelingt beim freien Modellieren auch ein besonders schönes Werk, das man allzu gerne vervielfältigen möchte. Auch in diesem Fall ist es meist ohne großen Aufwand möglich, das Motiv in Gips abzugießen und hierdurch eine Form zu gewinnen, die dann über einen längeren Zeitraum einsatzbereit ist.

Die Gipsform lässt sich außerdem durch ihren guten und sicheren Stand besonders gut und bequem mit der Tonmasse füllen. Sie ist wesentlich langlebiger, als es etwa Formen aus Kunststoff sind.

Einteilige Gipsformen

Es existieren mehrere Möglichkeiten, von einem ausgewählten Motiv eine Gipsform zu erstellen. Recht einfach gelingt die Herstellung einer Form aus Gips, wenn uns entweder ein Original vorliegt oder eine entsprechende andere Form mit dem gewünschten Motiv.

Einfache Formen aus Kunststoff, die im Handel in vielen Varianten angeboten werden, um mit ihnen Beton, Gips oder Seife abzuformen, können natürlich auch für ein direktes Abformen des Tons verwendet werden. Bei einer Mehrfachverwendung lohnt – aus den oben genannten Gründen – in jedem Fall die Herstellung einer Gipsform.

*Gipsform zum Abformen eines
großen Löwenkopfes*

HINWEIS | Urheberrechte

Möchte man von einem gekauften Objekt eine Negativform herstellen und mit dieser wiederum eigene Objekte abformen, die dem zuvor verwendeten Original ähnlich sind, sollte man bestehende Urheberrechte im Auge behalten. In der Regel ist es verboten, Originale zu reproduzieren!

Anders sieht es bei Formen aus, die man eigens für den Zweck der Reproduktion erwirbt. Hier bezahlt man die Lizenz gleich mit und darf daher die Formen auch für den Nachdruck verwenden. Im Zweifelsfall fragt man vorsichtshalber beim Hersteller nach. Die Verletzung von Urheberrechten kann bei einer Ahndung recht teuer werden!

Abdruck aus Ton erstellen

Bei den hier vorliegenden Formen handelt es sich um einfache Kunststoffformen (Abb. 1, 2). Die in ihnen angefertigten Abdrücke ergeben relativ flache Keramiken in Form einer Fliese mit Elchabbildung und eines Teelichts in Fischform. Von beiden Motiven sollen entsprechende Gips-

formen angefertigt werden. Die Teelichtform soll außerdem noch etwas vertieft werden, sodass eine massivere Keramik mit ihrer Hilfe hergestellt werden kann.

Schritt für Schritt

Um eine Gipsform herstellen zu können, müssen wir in diesen beiden Fällen zunächst einen Abdruck aus Ton anfertigen. Die Formen werden zunächst auf ihrer Innenseite leicht eingeölt. Dadurch löst sich der Tonformling später leichter wieder aus der Form heraus.

Aus einer gewalzten Tonplatte wird ein entsprechend großes Stück Ton ausgeschnitten (Abb. 3) und die Formen werden damit gefüllt. Der Ton wird gut eingedrückt (Abb. 4, 5), damit das Motiv detailliert im Ton abgebildet wird. Anschließend werden die Tonformlinge aus den Formen entnommen (Abb. 6).

Das Ergebnis wird überprüft. Ist das Motiv auf der Kachel unvollständig abgebildet, legt man den Rohling nochmals in die Form zurück und drückt die Tonmasse noch etwas gründlicher in die Form hinein. Eventuell muss noch etwas Tonmasse hinzugefügt werden.

Das aus der Form entnommene Teelicht in Fischform wird zusätzlich auf eine gewalzte

*In einer selbst angefertigten Gipsform
hergestellte Keramik*

Tonplatte in beliebiger Stärke aufgelegt und ausgeschnitten (Abb. 7). Anschließend werden alle Kanten gut glatt gestrichen (Abb. 8). Beide Rohlinge werden nach Belieben per Hand (Abb. 8) oder unter Zuhilfenahme von Modellierwerkzeugen (Abb. 9) ausgestaltet, sodass ein ansprechendes Ergebnis entsteht (Abb. 9, 10). Es können hierbei auch Details verändert sowie kleine Fehler am Tonrohling ausgebessert werden.

Abb. 1

Abb. 2

Abb. 3

Abb. 4

Abb. 5

Abb. 6

Abb. 7

Abb. 8

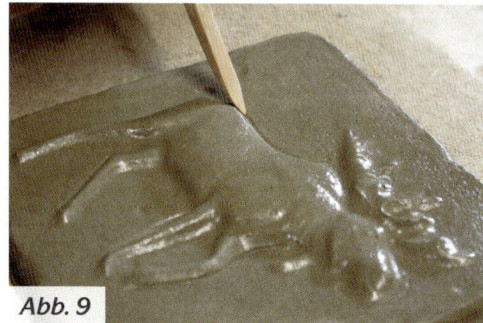

Abb. 9

Abb. 10

Abb. 11

Besondere Form der Ränder – Untergriffigkeit vermeiden!

Damit der Abdruck aus Ton später problemlos aus der fertigen Gipsform entnommen werden kann, muss schon bei der Vorbereitung des Tonrohlings für den Gipsabdruck ein besonderes Augenmerk auf die Ausformung seiner Ränder gelegt werden. Man spricht im Fachjargon davon, dass die Form auf keinen Fall „hintergriffig" oder „untergriffig" sein darf. Was hiermit gemeint ist, verdeutlichen die nachfolgenden Skizzen:

Tonrohling   Fertige Gipsform

Die seitlichen Kanten des Tonrohlings werden vor dem Abguss mit Gips in der Art bearbeitet, dass sie sich nach oben hin leicht verjüngen (linke Skizze). Wo der Tonrohling auf der Tisch- oder Arbeitsplatte aufliegt, wird er dagegen insgesamt etwas breiter. Das muss nicht viel sein. Allerdings müssen die Ränder rundherum ganz gleichmäßig auf diese Weise bearbeitet werden. Die spätere Gipsform weist dann an ihrem oberen Rand den größten Durchmesser auf (rechte Skizze). So soll vermieden werden, dass der Tonrohling bei der Entnahme aus der späteren Gipsform beschädigt wird.

Die Tonrohlinge werden nun auf die Arbeitsplatte gelegt und mit Ton gut an den Untergrund festmodelliert. Sie sollten sich rundum fest an ihren Untergrund anschmiegen (Abb. 11). Es dürfen keine Lücken zwischen Tonrohling und Arbeitsfläche vorhanden sein, damit der flüssige Gips auf gar keinen Fall unter den Ton laufen kann.

HINWEIS	Arbeitsplatte

Als Arbeitsfläche für die Gipsverarbeitung eignen sich Untergründe aus Holzfaser ebenso wie auch beschichteter Kunststoff, verzinktes Blech oder Stein.

WICHTIG	Abstand beachten

Ein Abstand von mindestens 1,5 cm zwischen Tonrohling und Gießrand ist auch wichtig, damit man zum Modellieren mit der Hand in diesen Zwischenraum greifen kann.

Form für das Ausgießen mit Gips vorbereiten

Die Tonrohlinge wurden nun – wie oben beschrieben – in Bezug auf die Vermeidung einer „Hintergriffigkeit" bearbeitet. Es wird darauf geachtet, dass die Rohlinge mit der Arbeitsfläche nach wie vor fest verbunden sind. Nun wird ein Gießrand für den Abguss mit Gipsmasse vorbereitet.

HINWEIS	Höhe des Randes

Die Höhe dieses Tonrandes bestimmt die spätere Höhe der Gipsform, der Abstand des Randes zum Tonrohling die Stärke ihrer Wandung.

Schritt für Schritt

Um die Tonrohlinge herum wird nun ein Rand aus Ton aufgebaut. Dieser dient als äußere Begrenzung für den flüssigen Gips, der später in den entstandenen Innenraum hineingegossen wird.

Eine schmale Holzleiste wird zum Maßnehmen neben den Rohling gestellt (Abb. 1). Der Gießrand aus Ton sollte den Rohling um einige Zentimeter überragen, damit die spätere Gipsform eine ausreichend hohe Stabilität erhält. Haben wir eine Holzleiste in ausreichender Breite gefunden, werden mit ihrer Hilfe entsprechend breite Streifen aus dem gewalzten Ton geschnitten (Abb. 2, 3) und im Abstand von mindestens 1,5 cm um den auf der Arbeitsfläche festmodellierten Tonrohling herum aufgestellt (Abb. 4, 5).

Nun wird dieser Gießrand von außen mit Tonmasse gut verschlossen (Abb. 6, 7). Es muss gewährleistet sein, dass die Umrandung absolut dicht ist, damit der flüssige Gips nicht herauslaufen kann! Während man von außen Tonmasse anlegt und gut andrückt, um alle Lücken dicht zu verschließen, legt man zeitgleich die Finger der flachen Hand von der Innenseite her dagegen, um zu vermeiden, dass sich der Rahmen aus Ton während des Modellierens verformt (Abb. 6, 7).

Ist ein gleichmäßig hoher Rahmen um den Tonrohling herum entstanden, wird die schmale Rinne, die zwischen Rohling und Gießrand ent-

Abb. 1

Abb. 2

Abb. 3

Abb. 4

Abb. 5

Abb. 6

Abb. 7

Abb. 8

Abb. 9

Abb. 10

standen ist, gut eingeölt **(Abb. 8)**. Auch jede Fläche aus Holz, die mit der Gipsmasse in Kontakt kommt, muss sehr gut eingeölt werden! Die Formlinge stehen nun zum Ausgießen mit flüssiger Gipsmasse bereit **(Abb. 9, 10)**.

WICHTIG | Trennmittel

Vor allem bei Arbeitsunterlagen aus Holz ist der Einsatz eines Trennmittels wichtig, da Gips und Holz eine Verbindung miteinander eingehen. Würde man auf die Anwendung eines Trennmittels (Speiseöl) verzichten, wäre es später kaum noch möglich, die ausgehärtete Gipsform von ihrem Untergrund abzunehmen, ohne sie dabei zu beschädigen. Sie würde allzu fest an ihrer hölzernen Unterlage haften. Die Verwendung eines Trennmittels darf demnach auf gar keinen Fall vergessen werden.

Gipsmasse zubereiten

Als Material für die Herstellung kleinerer Gipsformen sei ein guter Modellgips empfohlen. Modellgips hat zwar einen höheren Preis als ein gewöhnlicher Stuckgips, er zeichnet sich jedoch durch seine besonders feine Struktur aus und ist daher für besonders detailgetreue Abdrücke bestens geeignet.

Schritt für Schritt

Es wird immer zuerst Wasser in einen Eimer gegeben, niemals umgekehrt! Beim Mischungsverhältnis von Wasser zu Gips hat der Gips leicht die Nase vorn, sein Anteil beträgt daher etwas über 50 %. Die Gipsmasse lässt man nun ganz locker in das Wasser hineinrieseln. Je feiner die Gipsmasse in das Wasser rieselt, desto weniger Klümpchen können sich bilden.

TIPP | Sieb verwenden

Mit einem Sieb kann die Gipsmasse besonders fein eingestreut werden.

Es wird nun so lange Gips in das Wasser gestreut oder gesiebt, bis sich eine sichtbare Sättigung der Flüssigkeit einstellt **(Abb. 1)**.

Als Zeichen dafür, dass kein weiterer Gips mehr aufgenommen werden kann, bilden sich auf der Wasseroberfläche trockene Regionen **(Abb. 2)**.

Nun wird der flüssige Gips ganz vorsichtig umgerührt, bis eine gleichmäßige Masse entsteht **(Abb. 3)**.

HINWEIS | Nicht rühren!

Gips muss nicht gerührt werden. Durch heftiges Rühren kann eine Gipsmasse sogar gänzlich unbrauchbar werden! Vorsichtiges Vermischen ist daher ausreichend!

Rütteln für bläschenfreie Oberflächen

Damit vorhandene Luft aus der angerührten Gipsmasse entweichen kann, wird der Eimer mit der flüssigen Gipsmasse mehrmals vom Boden abgehoben und mit einem Ruck auf den Boden gestoßen. Während des „Verdichtens", wie man diesen Vorgang auch nennt, sieht man kleine Bläschen an der Oberfläche der Gipsmasse zerplatzen. Als Ergebnis einer korrekt durchgeführten Verdichtung dürfen wir eine feinporige Beschaffenheit der fertigen Gipsform erwarten. Dies ist für ein originalgetreues Abformen feiner Details von großer Wichtigkeit.

Nun sollte man keine Zeit mehr verlieren, denn vom Anmachen bis zum Anziehen der Gipsmasse vergehen, je nach Gipsart, nur etwa sieben bis zwölf Minuten! Der flüssige Gips wird nun vorsichtig in die vorbereiteten Formen gegossen

(Abb. 4, 5). Die Formen werden bis zum oberen Rand mit Gips aufgefüllt (Abb. 6).

Anschließend darf man sich wieder entspannen, denn es bleiben nun – je nach vorhandener Raumtemperatur – etwa 20 bis 60 Minuten Zeit, bis die Gipsmasse fest wird.

WICHTIG | **Verunreinigter Ton**

Tonmasse, die mit Gips in Kontakt gekommen ist, darf nicht mehr zum Töpfern verwendet werden, da sich die Gipspartikel ungünstig auf die Brenneigenschaften des Tons auswirken würden (siehe auch unter „Einsumpfen von Tonresten" ab Seite 52).

Abb. 1

Abb. 2

Abb. 3

Abb. 4

Abb. 5

Abb. 6

Entnahme der Gipsform

Sobald die Gipsmasse vollständig ausgehärtet ist, was durch vorsichtigen Fingerdruck geprüft werden kann, wird der Gießrand aus Ton abgenommen, die Form umgedreht und der Fisch aus Ton vorsichtig aus der Form entnommen (Abb. 1). Die neu entstandene Gipsform wird umgehend auf Unregelmäßigkeiten und Fehler untersucht (Abb. 2, 3). Vor allem die Innenseiten müssen peinlich genau angesehen werden und eine eventuell vorhandene „Untergriffigkeit" muss ausgebessert werden (siehe dazu auch Seite 42). Unschöne Kanten werden mit einem Messer begradigt (Abb. 4).

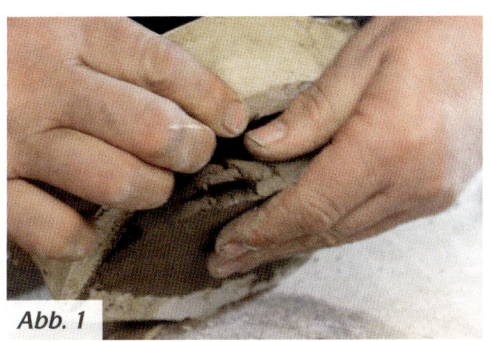
Abb. 1

Abb. 2

Abb. 3

Abb. 4

Der erste Probeabdruck

Sobald der angemachte Gips vom flüssigen in den festen Zustand übergegangen ist, die Form kontrolliert und ggf. noch ein wenig ausgebessert worden ist, kann in ihr auch schon ein erster Probeabdruck angefertigt werden.

Dieser erste Abdruck ist insofern auch wichtig, damit mögliche Mängel der Form festgestellt und ggf. im Anschluss sofort korrigiert werden können.

WICHTIG | **Trockenphase beachten**

Mit der Anfertigung dieses ersten Abdrucks sollte nicht allzu lange gewartet werden, da Gips die Eigenschaft besitzt, bereits etwa zwei Stunden nach dem Erstarren erneut Feuchtigkeit über seine Oberfläche abzugeben. Die neue Form fühlt sich plötzlich wieder feucht an. Es muss mit einer Trockenphase von etwa zwei Wochen gerechnet werden, bis weitere Abdrücke in der Gipsform vorgenommen werden können.

Schritt für Schritt

Die neue Gipsform kann unmittelbar nach dem Erhärten mit Ton gefüllt werden (Abb. 1). Dieser wird gut eingearbeitet und anschließend zu einer ebenen Oberfläche geglättet (Abb. 2).

Mit einem spitzen Messer wird die Tonmasse vorsichtig aus der Form entnommen und der entstandene Abdruck zunächst begutachtet. Sind die Ränder unbeschädigt? Defekte am Tonrohling, wie ausgerissene Ränder, die bei der Entnahme entstanden sind, könnten auf eine vorhandene Untergriffigkeit (siehe Seite 42) der Form hinweisen. Noch können weitere Korrekturen an der Gipsform vorgenommen werden.

Mit Hilfe von Modellierholz, Fingern und anderen Werkzeugen wird der Tonrohling nun ausgeformt und nach Lust und Laune verändert, wie es am besten gefällt (Abb. 3, 4). Er muss anschließend einige Tage trocknen, bevor er in den Brennofen kommt.

Abb. 1

Abb. 2

Abb. 3

Abb. 4

Mit Hilfe von Gipsformen lassen sich viele schöne Werke aus Ton anfertigen und zu dekorativen Keramiken brennen.

Zweiteilige Gipsformen

Je nach plastischer Beschaffenheit eines Originalwerkes kann dieses nicht immer mit Hilfe einer einteiligen Gipsform dupliziert werden. Gipsformen sind jeweils so beschaffen, dass ein Tonrohling ohne Beschädigung oder Verformung aus ihnen entnommen werden muss. Es darf demnach keinerlei „Untergriffigkeit" der Form bestehen (siehe hierzu auf Seite 42). Komplexere Figuren benötigen daher auch meist zwei- oder mehrteilige Formen, um vollständig mit Hilfe von Gipsformen als Keramik angefertigt werden zu können. Anhand einer

gedrehten Stelenspitze soll im Folgenden die Herstellung einer zweiteiligen Gipsform beschrieben werden.

Schritt für Schritt

Eine kleine Stelenspitze steht für das Abgießen mit Gipsmasse bereit. Eine senkrechte Markierungslinie wird auf beiden Seiten der Stele aufgemalt, wodurch sie genau mittig in zwei gleich große Hälften aufgeteilt wird (Abb. 1). Die Stelenspitze wird nun zur Hälfte und exakt bis zur Markierungslinie in Tonmasse eingebettet, der Ton rundum glatt gestrichen, wozu ein Messer mit einer glatten Klinge als Hilfsmittel dienen kann (Abb. 2).

Mit dem Ende eines abgerundeten Holzstiels werden Löcher in die Tonoberfläche gedrückt. Je zwei dieser Vertiefungen auf jeder Seite der Stele reichen aus (Abb. 3), damit die beiden Gipsformhälften später gut aufeinanderpassen (= Formenschlösser).

Nun wird rund um die in Ton gebettete Form ein Gießrand aufgesetzt und gut festmodelliert (Abb. 4). Mit einer Holzleiste kann geprüft werden, ob über der Stele noch genügend Luft vorhanden ist, damit die fertige Gipsformhälfte auch einen ausreichend dicken Boden besitzt (Abb. 5). Die nach unten offene Stelenspitze wird mit Ton verschlossen, der Gießrand anschließend rundherum ausgearbeitet, die aus

Abb. 1

Abb. 2

Abb. 3

Abb. 4

Abb. 5

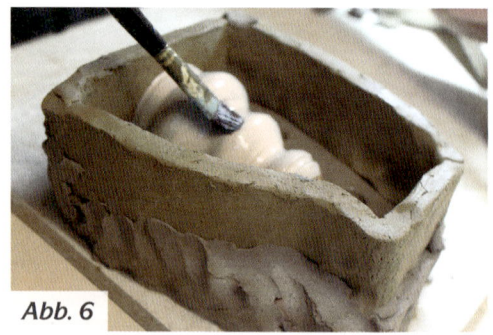

Abb. 6

dem Ton ragende Stelenhälfte dann mit einem Trennmittel gut eingepinselt (Abb. 6).

Anschließend ist es so weit! Die angemachte Gipsmasse (Zubereitung der Gipsmasse siehe auf Seite 45) kann in die entstandene Vertiefung gegossen werden (Abb. 7). Je nach Außentemperatur vergehen nun etwa 20 bis 60 Minuten, bis der Gips ausreichend ausgehärtet ist.

Sobald der Gips eine ausreichend hohe Festigkeit erhalten hat, was durch vorsichtigen Fingerdruck geprüft werden kann, wird die Form zunächst umgedreht, sodass sie mit der Gipsseite nach unten auf der Arbeitsplatte liegt, dann wird die gesamte Umhüllung aus Ton rundherum abgelöst (Abb. 8, 9).

Wir erhalten eine zur Hälfte im Gips steckende Stelenspitze! Diese muss nun für den Abguss der zweiten Formhälfte vorbereitet werden, indem zunächst sämtliche Lücken zwischen Stelenspitze und Gipsform verschlossen werden. Hierzu geben wir mit einem spitzen Messer oder einem Modellierholz etwas Ton in die Lücke und streichen diesen sorgfältig glatt (Abb. 10, 11).

Es wird wiederum eine Hülle aus Ton benötigt, die rundherum um die erste Gipsformhälfte gelegt sowie als Gießrand um die aus dem Gips ragende Stelenspitze herum aufgebaut wird (Abb. 12). Alle Nähte im Ton werden gut verschlossen und vor allem der entstandene Innenraum wird besonders gut geglättet.

Die Stelenspitzenhälfte wird gut eingeölt und der entstandene Innenraum wird nun, wie bereits oben beschrieben, mit flüssiger Gipsmasse aufgefüllt, die – je nach vorhandener Außentemperatur – in etwa 20 bis 60 Minuten vollständig erstarrt sein wird.

Sobald der Gips die erforderliche Festigkeit erreicht hat, wird die gesamte Umhüllung aus Ton entfernt (Abb. 13). Die Stelenspitze steckt nun zwischen den beiden Gipsformhälften fest und kann vorsichtig herausgelöst werden.

Auf diese Weise können gleich mehrere Gipsformen für unterschiedliche Bauteile einer Garten-Stele hergestellt werden (Abb. 14), sodass die Gestaltung abwechslungsreicher hoher Stelen für den Garten mit Hilfe von Gipsformen sehr einfach und vor allem auch wesentlich schneller möglich ist, als dies bei einer freien Modellierung per Hand der Fall wäre (siehe auch ab Seite 86).

Abb. 7

Abb. 8

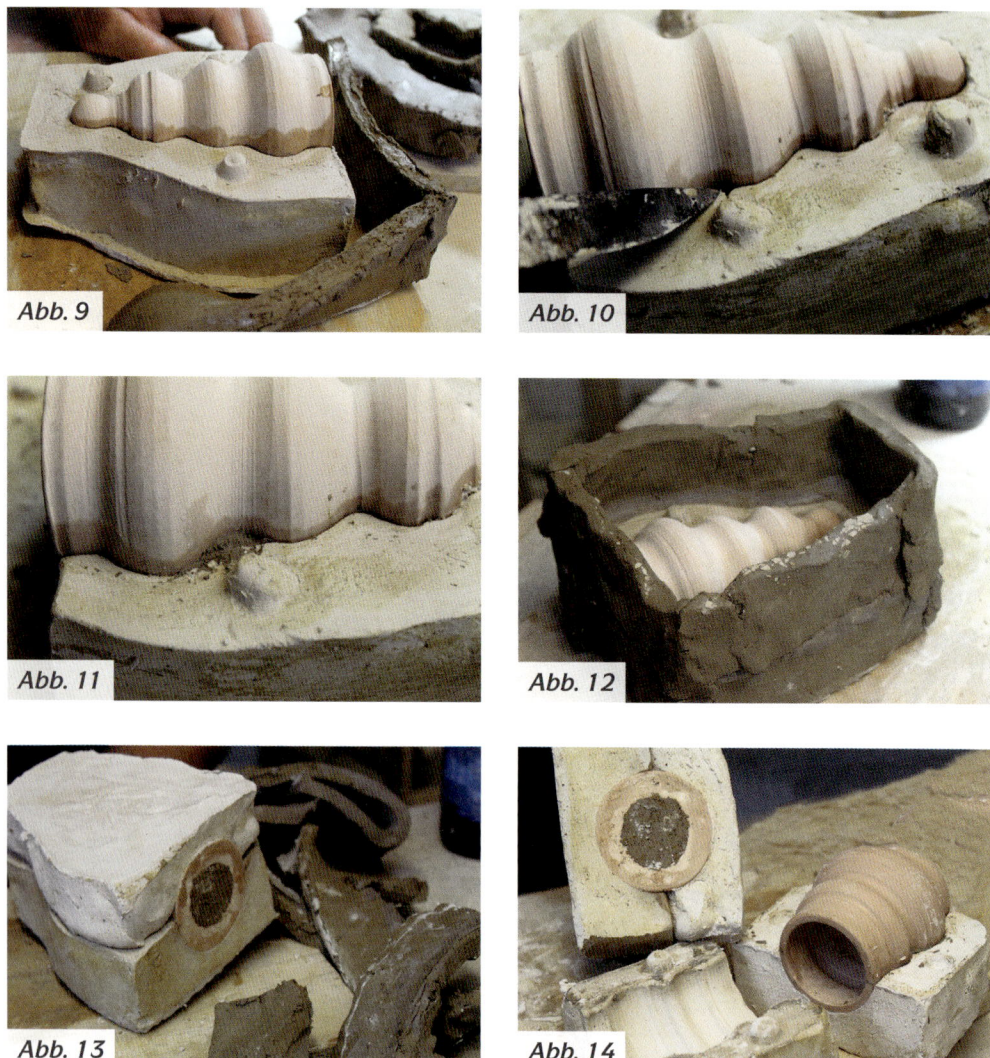

Abb. 9

Abb. 10

Abb. 11

Abb. 12

Abb. 13

Abb. 14

Einsumpfen von Tonresten

Gerade bei der Herstellung von Gipsformen fallen besonders viele Tonreste an. Wie oben schon einmal erwähnt, darf Tonmasse, die in irgendeiner Weise mit Gips in Berührung gekommen ist, auf gar keinen Fall zur Herstellung von Keramik verwendet werden. Gipspartikel dürfen

niemals in den Brennofen gelangen! Bleibt nur noch die Mülltonne, möchte man meinen.

Sparsame Töpferinnen und Töpfer wissen jedoch auch mit verunreinigten Tonresten noch etwas anzufangen. Ob nun bei der Gipsformenherstellung, zum Bau von Ständern, auf die man ein Tonwerk zum Bearbeiten aufsetzen kann, zum Abstützen empfindlicher Teile beim Aushärten des Tons und zu vielem mehr wird immer wieder Ton benötigt, wobei es in diesem Fall unbedeutend ist, ob der Ton mit Gips oder anderem Material zuvor verunreinigt worden ist.

Damit Tonreste über einen längeren Zeitraum weich und geschmeidig bleiben, sumpft man sie ein: Sie werden befeuchtet und gemeinsam mit einem nassen Schwamm in eine Kiste aus Kunststoff gelegt (Abb. 1), die mit einem Deckel luftdicht verschlossen wird (Abb. 2). Bewahrt man auf die gleiche Weise weitere Tonreste auf, sollte man die Kiste mit dem verunreinigten Ton unbedingt beschriften, damit es hier auf keinen Fall zu Verwechslungen kommen kann.

Abb. 1

Abb. 2

Tonprojekte mit Aufbautechnik

Beim Töpfern können sehr unterschiedliche Techniken angewendet werden. Bei der einfachsten Form der Aufbautechnik wird, einfach ausgedrückt, ein Klumpen Ton manuell in die gewünschte Form gedrückt.

Weiterhin geht es beim Aufbauen darum, aus Platten, Streifen und anderen Teilen ein gewünschtes Objekt aus Ton zu gestalten, indem die Einzelteile zunächst zusammengesetzt und anschließend „aufgebaut" werden. Als Basis für die meisten in Aufbautechnik gestalteten Tonprojekte dienen ausgerollte oder gewalzte Tonplatten, woraus der benötigte Ton ausgeschnitten wird. Auch Streifen, Wülste und vieles mehr kann aus diesen Platten geformt werden. Als beliebtes Hilfsmittel werden auch gerne Gipsformen verwendet, um dem Ton eine bestimmte Form zu geben und ihn dann in freier Gestaltung weiter aufzubauen und zu modellieren.

Vorbereiten der Tonmasse

Ton bekommt man in unterschiedlichen Qualitäten meist in Gebinden zu 10 kg im Fachhandel. Im Fachgeschäft vor Ort oder in einer Töpferei erfährt man, welcher Ton für welches Vorhaben verwendet werden kann. Manchmal wird Ton auch in fertigen Platten angeboten, die zur sofortigen Verarbeitung bereitstehen.

Wird ein ganzer Tonblock verwendet, wird der Ton einfach in der benötigten Menge vom Block geschnitten (Abb. 1). Die Verpackung aus Kunststoff muss nach der Entnahme des Tons wieder gut verschlossen werden. So bleibt die Tonmasse über einen längeren Zeitraum weich und geschmeidig.

Der Ton wird nun gut durchgeknetet, damit eingeschlossene Luft entweichen kann. Der zu einem Block geknetete Ton wird anschließend zu einer gleichmäßig dicken Platte ausgewalzt, da für die meisten Projekte flache Platten als Ausgangsmaterial benötigt werden. Dies kann mit einem Nudelholz oder einem HT-Rohr aus Kunststoff geschehen. Eine dünne Folie verhindert ein Ankleben des Tons an der verwendeten Walze. Hilfreich sind zwei Holzleisten, die man während des Ausrollens seitlich an den Ton anlegt (Abb. 2).

| **HINWEIS** | Hilfestellung: Holzleisten |

Die beiden seitlich an den Ton gelegten Hölzer dienen beim Walzen vor allem als Vorgabe, wie dick die Tonplatte ausgerollt werden soll. Der Einfachheit halber wählt man also die an den Ton angelegten Holzleisten in exakt der Höhe aus, in der die Tonplatte schließlich verarbeitet werden soll. Man erhält auf diese Weise eine gleichmäßig dicke Tonplatte.

| **WICHTIG** | Wandstärke |

Damit das getöpferte Werk den Brennvorgang ohne Beschädigungen übersteht, sollte es nicht zu massiv gearbeitet sein. Wandstärken von 1 bis maximal 3 cm sollten daher nach Möglichkeit nicht überschritten werden.

Der Tonrohling sollte zum Trocknen zwar warm, aber zunächst nicht in der prallen Sonne aufgestellt werden, da es sonst zu Rissen in der Oberfläche kommen kann.

Abb. 1

Abb. 2

Schalen und Schüsseln

Flache, frei geformte Schalen können für viele Gelegenheiten verwendet werden. Zum Abstellen von Flaschen oder Gläsern ebenso wie im Büro als Ablage für Stifte oder andere Utensilien, die griffbereit zur Verfügung stehen sollen. Durch eine Glasur werden die Objekte auch küchentauglich, sodass sie als Teller für Sushi und andere Köstlichkeiten dienen können. Durch gestempelte Motive auf der Schalenoberflä-che folgen sie außerdem einem brandaktuellen Trend und werden daher schnell zu Lieblingsstücken im Haus.

Flache Schale mit gestempelten Motiven

Nicht selten herrscht bei Töpfer-Neulingen eine gewisse Unsicherheit darüber, wie es um die eigenen handwerklichen Fähigkeiten bestellt ist.

Die flache Schale ist durch ihre schlichte Form daher auch als erstes Werkstück zum idealen Einstieg in die Welt des Töpferns geeignet. Ihre Ausarbeitung ist einerseits recht einfach, anderseits wird mit diesem Projekt – durch das freie Gestalten – der selbstständige Umgang mit dem Werkstoff Ton sowie die eigene Kreativität gefördert.

Schritt für Schritt

Der schamottierte Ton wird zunächst vorbereitet, wie oben beschrieben. Das gelingt am besten mit Hilfe eines Nudelholzes oder alternativ mit einem Stück HT-Rohr, während man die seitlichen Ränder der Tonplatte durch zwei Hölzer begrenzt.

Eine Tonwalze leistet stets gute Dienste

Glücklich kann sich schätzen, wer eine wie auf den Fotos abgebildete Walze besitzt. Auf der Abbildung wird der gut durchgearbeitete Ton zwischen mehreren Lagen Folie (Abb. oben) mit dem Druck einer Metallrolle zu gleichmäßig dicken Platten ausgewalzt. Die Tonplattenstärke wird vor dem Walzen beidseitig eingestellt, dann wird das Walzwerk mit Hilfe des großen Rades in Gang gesetzt. Zweimal wird der Ton nun gewalzt, bis sich die Walze wieder in ihrer Ausgangsposition (Abb. unten) befindet, dann wird die Abdeckung zurückgeschlagen und die Tonplatte vorsichtig entnommen. Sie ist nun zur Weiterverarbeitung bereit.

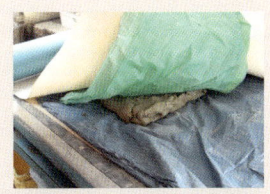

Der Ton wird 1–1,5 cm dick ausgerollt (Abb. 1). Anschließend wird die Oberfläche der Tonplatte glatt gestrichen. Auch dafür können Hilfsmittel zum Einsatz kommen, wie etwa ein Messer mit einer glatten Klinge. Die gewünschte spätere Form der Schale wird nun mit einem Modellierholz in die Oberfläche der Tonplatte eingeritzt (Abb. 2).

> ### TIPP | Fehler korrigieren
>
> Unterlaufen einem beim Einritzen der Markierungslinien Fehler, können diese jederzeit korrigiert werden, indem die fehlerhaften Linien mit einem Messer wieder geglättet und die Linien neu in den Ton geritzt werden.

Die Schale wird nun mit dekorativen Motiven gestempelt. Der Stempel wird dabei vor dem Aufdrücken ganz dünn mit Öl (Abb. 3) eingepinselt. Als Stempel können einzelne Buchstaben ebenso dienen wie auch vorgefertigte Schriftzüge (Abb. 4, spiegelverkehrt!), Muschelschalen oder andere ornamentale Oberflächen und Reliefs.

> ### HINWEIS | Speiseöl als Trennmittel
>
> Zum Einölen der Stempel kann ein einfaches Speiseöl verwendet werden. Besonders geeignet sind dünnflüssige Öle, wie etwa Distel- oder Rapsöl.

Der Stempel wird nun vorsichtig in den Ton gedrückt. Der Druck geht hierbei zunächst von der Mitte des Stempels aus (Abb. 5). Man sollte den Stempel sehr gleichmäßig und nur wenige Millimeter tief in den Ton hineindrücken.

Nach Wunsch kann die Schale auch mit mehreren Motiven verziert werden (Abb. 6, 7).

Mit einem spitzen Messer wird die Schale nun aus der Tonplatte ausgeschnitten (Abb. 8). Die Ecken der Schale werden dekorativ nach oben gebogen. Dabei können sie durch Unterlegen einer kleinen Kugel Ton abgestützt werden (Abb.

9, 10). Alle Ränder und Oberflächen werden nun per Hand geglättet (Abb. 11). Die fertige Schale (Abb. 12) muss nun noch einige Tage trocknen, bevor sie das erste Mal gebrannt werden kann.

> ### TIPP | „Fingerlinge"
>
> Ein abgeschnittener Finger eines Gummihandschuhs (Fingerling) leistet gute Dienste beim manuellen Glätten der Tonoberflächen (Abb. 11).

Abb. 1

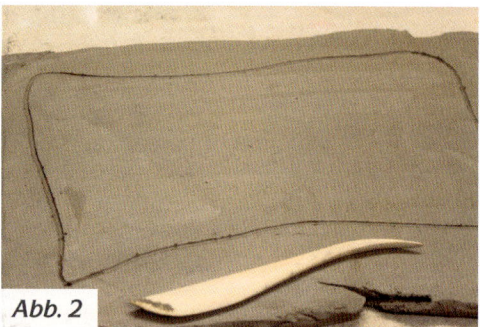

Abb. 2

Abb. 3

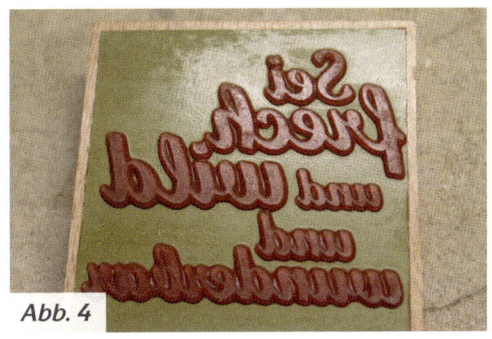

Abb. 4

Abb. 5

Abb. 6

Abb. 7

Abb. 8

Abb. 9

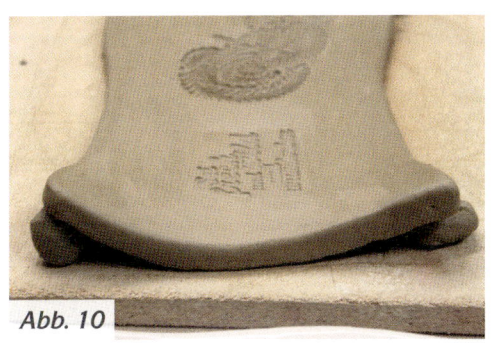

Abb. 10

Abb. 11

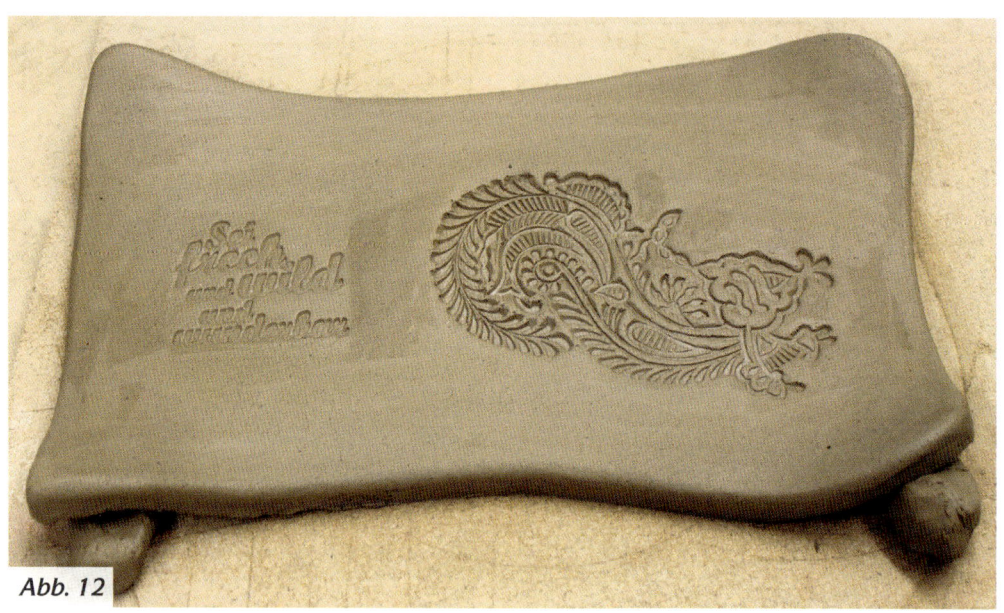

Abb. 12

Quadratische Schale

Ton kann auf vielfältige Weise dekorativ in Form gebracht werden. Neben dem freien Modellieren, dem Abdrücken in einer Gipsform oder dem Drehen auf einer Töpferscheibe stehen weitere Methoden zum Formen und Gestalten von Tonmasse zur Verfügung.

Wieso sollte man sich das Modellieren schöner Gebrauchsgegenstände unnötig kompliziert machen, wenn es doch so einfach sein kann? Die wunderschöne quadratische Schale (Seite 62) scheint als Antwort auf diese Frage den Beweis antreten zu wollen, indem sie ganz simpel mit Hilfe eines einfachen Holzrahmens geformt wurde. Die Beschaffenheit des Rahmens bestimmt Größe und Höhe der Schale. Natürlich sind auch bei diesem Objekt zahlreiche Variationen beim späteren Modellieren möglich.

Schritt für Schritt

Ein einfacher Holzrahmen (Abb. 1) wird mit einer dünnen Folie bedeckt (Abb. 2). Der zu einer 1–1,5 cm dicken Platte ausgerollte Ton wird aufgelegt und vorsichtig in die Vertiefung des Rahmens eingedrückt (Abb. 3).

Es muss hierbei darauf geachtet werden, dass der Ton an den Kanten des Holzrahmens durch das Eindrücken in die Vertiefung nicht zu dünn wird. Ggf. muss weiterer Ton hinzugefügt werden.

Die Form der Schale wird nun manuell ausgearbeitet und die Oberflächen sowie auch Ränder und Übergänge werden mit den Fingern oder Hilfswerkzeugen (Schwamm, Teichschaber, Messer u. a.) sorgfältig geglättet (Abb. 4).

Nach Belieben kann die Schale gestempelt oder auf jede andere Weise verziert werden (Abb. 5, 6).

Nachdem die Schale unseren Ansprüchen genügt, wird sie vorsichtig umgedreht und der Holzrahmen abgenommen. Die Folie wird nun abgezogen (Abb. 7) und die Kanten auf der Unterseite der Schale werden ebenfalls manuell geglättet (Abb. 8).

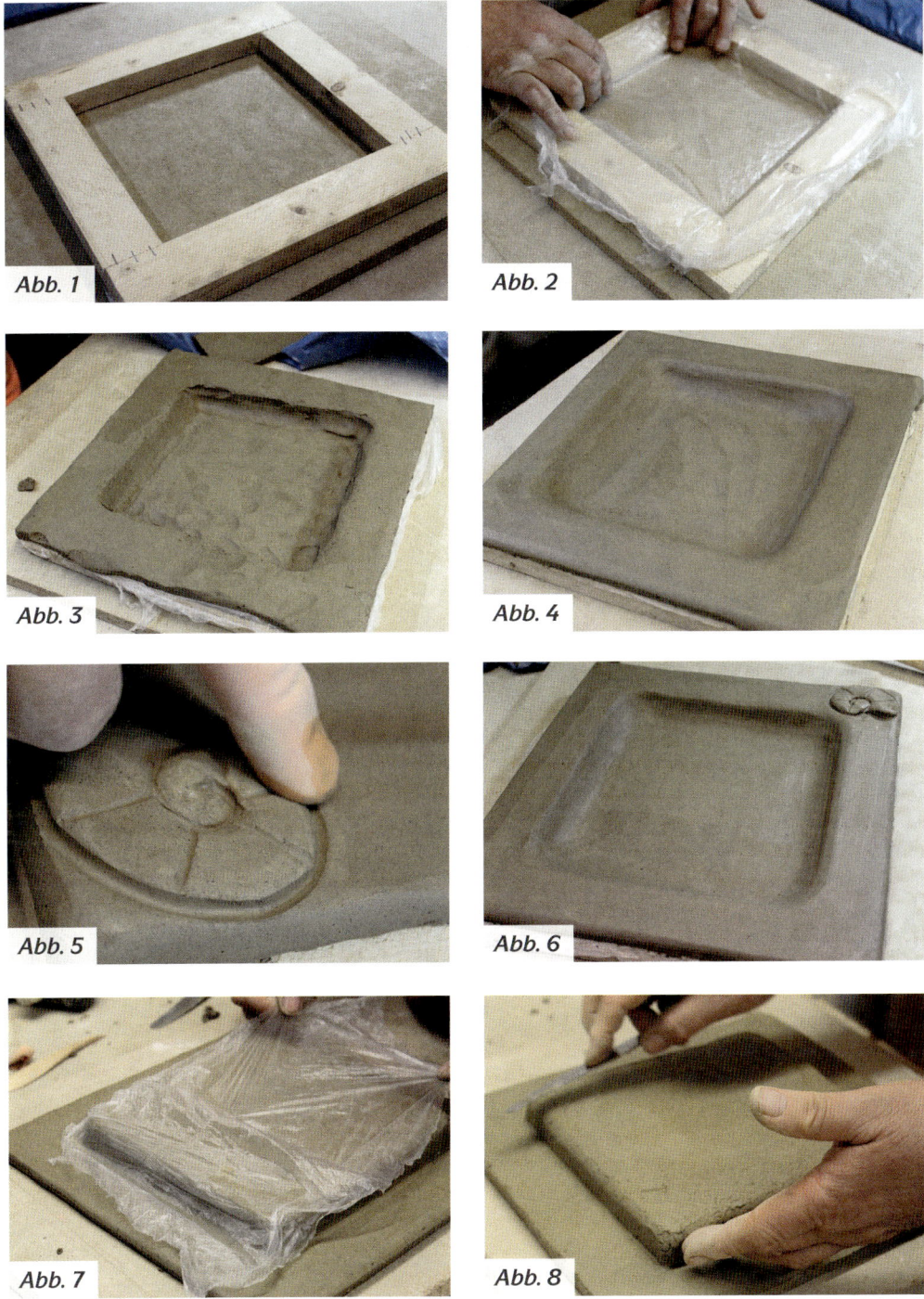

Abb. 1

Abb. 2

Abb. 3

Abb. 4

Abb. 5

Abb. 6

Abb. 7

Abb. 8

Wunderbar schlicht und dadurch zeitlos schön ist diese quadratische Schale.

In einem Topf abgeformte Schale

Wir erhalten Keramikschalen in vielfältiger Ausführung, indem wir den Ton in einfachen Kunststoffschalen, Töpfen oder Pfannen abformen. Die spätere Form der Keramikschale wird hierbei von der verwendeten Schüssel vorgegeben. Es ergeben sich zahlreiche Variationsmöglichkeiten.

Schritt für Schritt

Die Schüssel – bzw. der Topf oder die Pfanne – (Abb. 1) wird mit einem Trennmittel (Speiseöl) eingepinselt oder alternativ mit einer sehr dünnen Folie ausgelegt.

Ausgewalzter Ton wird in die Schüssel eingelegt, gut festgedrückt und sorgfältig eingearbeitet und glatt gestrichen (Abb. 2). An Nahtstellen muss der Ton eingekerbt werden,

die Einkerbungen müssen mit Tonmasse aufgefüllt und diese Nahtstellen gut glatt gestrichen werden. Es sollte auf eine überall gleichmäßig dicke Wandung geachtet werden.

Nach Wunsch kann die Schale nun verziert werden. Im gezeigten Beispiel wurde der Abdruck eines Schneckenhauses sorgfältig auf den Schalenboden aufmodelliert, wozu der Ton rund um das Schneckenhaus, wie schon bei den Nahtstellen oben beschrieben, eingekerbt, die Vertiefung mit Tonmasse wieder aufgefüllt und sorgfältig geglättet wird (Abb. 3). Die Innenseite der Schale wird nun gründlich geglättet, bis ein ansprechendes Ergebnis entsteht (Abb. 4).

Bei der Gestaltung von sehr großen Schüsseln sollte man den Ton nun einige Stunden antrocknen lassen, damit sich die Schale bei der Entnahme nicht mehr so leicht verformen kann. Diese Trockenzeit darf allerdings auch nicht zu lang ausfallen, da der Ton noch so weich und flexibel sein muss, dass auch die Außenseite der Schale modelliert werden kann. Durch Auflegen eines Holzbretts kann der Wok gewendet und die Schale entnommen werden. Die Folie wird abgezogen und die Schale nun auch von außen geglättet und modelliert (Abb. 5). Sie kann nun auch auf ihrer Außenseite nach Belieben verziert werden.

HINWEIS | Verzierungen mit größeren Objekten

Soll eine Schale mit größeren Tonobjekten (Figuren aus Gipsabdrücken etc.) verziert werden, sollte man diese an ihrer Rückseite etwas aushöhlen, bevor sie auf die Schale modelliert werden. Es dürfen keine allzu dicken Tonschichten (bis max. 3 cm) entstehen. Zudem muss die Luft während des Brennvorgangs aus dem nun entstandenen Hohlraum entweichen können. Daher wird der Ton mit einem spitzen Gegenstand (Stricknadel o. Ä.) entweder seitlich an der aufgesetzten Figur oder auch auf der Außenseite der Schale, exakt gegenüber der aufgesetzten Verzierung, eingestochen, sodass der Hohlraum zwischen aufgesetzter Verzierung und Schale einen Ausgang erhält.

Abb. 1

Abb. 2

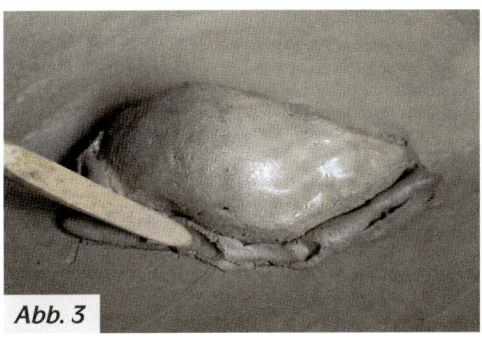

Abb. 3

Abb. 4

Durch das Abdrücken von Ton in einer alten Puddingform entsteht eine interessante kleine Keramikschale.

Abb. 5

Lederharter Ton

Als lederhart bezeichnet man den Zustand des Tons, sobald ein Tonrohling noch nicht vollständig getrocknet, andererseits auch nicht mehr allzu weich und flexibel ist, wie es noch
beim Verarbeiten der Tonmasse der Fall gewesen ist. Meist ist dieser Zustand nach ein bis
zwei Tagen Trockenzeit erreicht, an sehr warmen Tagen allerdings auch schon früher.

Der lederharte Ton eignet sich in besonderer Weise dazu, um aus seiner Oberfläche dekorative Muster zu stanzen oder auszuschneiden. Selbst, wenn nur noch Teile der Wandung
vorhanden sind, hat das Tongerüst die nötige Stabilität, sodass auch sehr grazile Keramik-
werke entstehen können.

Herz mit gemusterter Oberfläche zum Aufhängen

Aus Ton gebrannte Herzen sind immer schön anzusehen und auch als Geschenk sehr beliebt. Neben einer glatten Oberfläche können auch kreative Alternativen entstehen.

Herz abformen

Am einfachsten gelingt die Herstellung mit Hilfe einer Herz-Gipsform (siehe hierzu auch ab Seite 39 „Gipsformen herstellen").

Schritt für Schritt

Im gezeigten Beispiel wurde der Ton mit der Hand so lange gerollt (Abb. 1), bis sich die entstandenen Tonschlangen zu runden Schnecken einrollen lassen. Diese gibt man nun in die Herzform (Abb. 2). Man legt die komplette Gipsform mit den Tonschnecken aus und deckt diese mit weiterer Tonmasse ab (Abb. 3, 4).

Beim Einarbeiten des Tons muss nun allerdings recht vorsichtig vorgegangen werden, damit die eingerollten Tonschnecken möglichst in ihrer Form erhalten bleiben. Ein zu heftiges Drücken auf den Ton würde die darunterliegenden Tonschnecken zerstören bzw. deren Form stark beschädigen.

Viel Fingerspitzengefühl ist dabei also gefragt, damit die Oberfläche einerseits gut geglättet (Abb. 5), der Ton außerdem gut eingearbeitet (Abb. 4) und damit frei von Lufteinschlüssen ist, andererseits die Struktur der Herzoberfläche in Form von aufgerollten Tonschnecken erhalten bleibt (Abb. 7, 8).

Der Tonrohling wird nun mit einem spitzen Messer vorsichtig aus seiner Form gehoben. Dazu stellt man die Form hochkant vor dem Körper auf, sticht mit dem Messer leicht schräg in den Ton und hebelt den Abdruck aus der Form heraus. Überstehende Ränder werden abgeschnitten und alle Kanten und Oberflächen geglättet (Abb. 6).

Herzen in allen Größen und Varianten als „herzliches" Geschenk

Abb. 1

Abb. 2

Abb. 3

Abb. 4

Abb. 5

Abb. 6

Abb. 7

Abb. 8

Unschöne Bereiche in der Oberfläche des Herzens können nun ebenfalls noch nachgearbeitet werden, indem Ton hinzugefügt, gut eingearbeitet und geglättet wird. Zum Glätten und Bearbeiten des Tons benutzt man die Finger (mit oder ohne übergestülpten Gummifinger) oder greift hierbei auf Hilfsmittel wie Modellierhölzer oder Messer zurück.

Aufhängung einarbeiten

Es gibt mehrere Möglichkeiten, eine Aufhängung in die Rückseite der fertigen Keramik einzuarbeiten.

Schritt für Schritt

Je nachdem, ob man das Werk mit Hilfe eines Drahtes aufhängen möchte oder an einem Nagel oder Haken an der Wand, werden zwei verschiedene Techniken angewendet. Wird mit einem stumpfen Messer (Abb. 1) eine Vertie-

fung in den weichen Ton gedrückt (Abb. 2, 3), kann das Werk an Nagel oder Haken aufgehängt werden. Drückt man beide Daumen in einem Abstand von 1–2 cm etwa 1 cm tief in den weichen Ton hinein (Abb. 4) und bohrt mit einem gebogenen Modellierholz ein Loch in den entstandenen Steg hinein (Abb. 5), so kann hier später ein Draht oder eine Kordel hindurchgezogen werden.

Abb. 1

Abb. 2

Abb. 3

Abb. 4

Abb. 5

Pflanzgefäße aus Ton

Individuelle Pflanzgefäße sind ein Hingucker im Garten, in der Wohnung oder auf dem Balkon. Im Folgenden wird die Herstellung mit Hilfe von ein- und zweiteiligen Gipsformen Schritt für Schritt erklärt.

Dekorative Kugel mit Öffnung zum Bepflanzen

Zur Herstellung einer Kugel mit dekorativ strukturierter Oberfläche wird eine einteilige Gipsform verwendet. Es werden hintereinander zwei halbe Kugeln abgedrückt und anschließend zusammengefügt.

Schritt für Schritt

Aus dem Ton werden zunächst lange Wülste gerollt und zu Schnecken oder anderen beliebigen Formen zusammengefügt. Die Innenfläche der Gipsform wird nun mit den aufgerollten Tonschnecken ausgelegt (Abb. 1, 2). Weiterer Ton wird darübergelegt, nur leicht angedrückt und etwas glatt gestrichen. Als Abschluss muss ein glatter breiter Rand entstehen (Abb. 3).

Sogleich kann der Abdruck entnommen werden, indem man die Form hochkant vor dem Körper aufstellt und den Ton vorsichtig mit einem spitzen Messer heraushebelt (Abb. 4, 5). Überstehende Ränder werden mit einem scharfen Messer abgeschnitten (Abb. 6).

Nun geht es darum, die Oberfläche der Halbkugel dekorativ zu gestalten. Vorhandene Reliefs werden mit einem Modellierholz nachgearbeitet, weiter ausgeformt und geglättet (Abb. 7), weitere Muster werden eingeritzt oder eingestanzt (Abb. 8), bis das Ergebnis den eigenen Wünschen entspricht.

Eine Keramikkugel als ausgefallenes Pflanzgefäß im Garten

Abb. 1

Abb. 2

Abb. 3

Abb. 4

Abb. 5

Abb. 6

Abb. 7

Abb. 8

In der Gipsform wird nun der zweite Abdruck einer Halbkugel angefertigt. Dieser kann dem ersten ähneln, indem wiederum Tonschnecken in der Form ausgelegt werden, oder man gestaltet ihn ganz schlicht mit einer glatten Oberfläche wie in dem hier gezeigten Beispiel.

Wurde die Gipsform komplett und 1,5 cm dick mit Ton ausgelegt, wird ein breiter Rand geformt und glatt gestrichen. Damit die erste Halbkugel sich leichter aufsetzen und mit der zweiten verbinden lässt, wird deren Rand nun aufgeraut (Abb. 9) und die erste Halbkugel dann auf die noch in der Gipsform befindliche Halbkugel aufgesetzt (Abb. 10).

Die Nahtstellen werden mit einem Modellierholz eingekerbt (Abb. 11). In die entstandenc Rille werden dünne Streifen Ton eingelegt und mit einem Messer oder einem flachen Modellierholz glatt gestrichen (Abb. 12). Auf diese Weise werden die Nahtstellen der beiden

Abb. 9

Abb. 10

Abb. 11

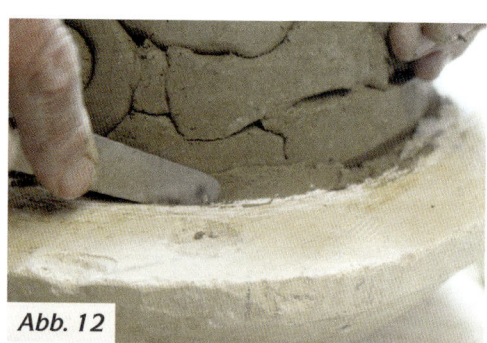
Abb. 12

Abb. 13

Abb. 14

Halbkugeln fest miteinander verbunden, sodass die gesamte Kugel anschließend aus der Form herausgehoben werden kann (Abb. 13, 14).

Die Kugel aus Ton wird zum noch festeren Verschließen der Nahtstellen wieder in die Gipsform zurückgelegt. Ihre Naht sollte jedoch zum weiteren Bearbeiten sichtbar sein (Abb. 15), denn es geht nun darum, diese Nähte gründlich zu verschließen und zu glätten, damit die Kugel einerseits Stabilität erhält und die Näh-

te andererseits unsichtbar werden. Mit einem Modellierholz kerbt man die Nähte über Kreuz ein (Abb. 16), anschließend legt man etwas Ton darüber und streicht diesen glatt (Abb. 17).

Das Glätten und Modellieren von Unebenheiten sollte mit viel Sorgfalt ausgeführt werden (Abb. 18), damit die Naht der zusammengesetzten Form nicht mehr sichtbar ist.

Abb. 15

Abb. 16

Abb. 17

Abb. 18

Warum müssen beim Töpfern die Nähte so gut verschlossen werden?

Die beim Gestalten mit Tonmasse auftretenden Nahtstellen müssen stets sehr sorgfältig miteinander verbunden werden. Durch Einkerben, Hinzufügen weiterer Tonmasse sowie gründliches Glätten werden die zusammengefügten Bestandteile gründlich verschlossen, damit keinerlei Lufteinschlüsse in der Tonmasse vorhanden bleiben. Nur durch ein sorgfältiges Modellieren der Nähte kann gewährleistet werden, dass ein Töpferwerk den Brennvorgang unbeschadet übersteht.

Damit aus der dekorativen Kugel, die als Zierobjekt jeden Garten schmückt, ein Pflanzgefäß wird, schneiden wir eine Öffnung in den weichen Ton (Abb. 19, 20). Im hier gezeigten Beispiel soll diese Öffnung den Anschein erwecken, als wäre die Kugel an dieser Stelle explodiert und dabei ein Stück aus der Kugelwand herausgerissen worden. Dementsprechend werden die Ränder der Öffnung mit den Händen oder Modellierwerkzeugen gestaltet, bis uns das Ergebnis zufrieden stellt (Abb. 21, 22, 23).

Zum Trocknen stellen wir die Kugel auf einen Ring aus Styropor, damit die noch weiche Form keinen Schaden nimmt (Abb. 24).

Abb. 19

Abb. 20

Abb. 21

Abb. 22

Abb. 23

Abb. 24

Glasur mit einem Schwamm auftragen

Ein interessanter Effekt entsteht, wenn eine flüssige Glasur zunächst mit einem Schwamm auf eine geschrühte (siehe „Glasurtechniken" ab Seite 34) Keramik aufgetragen (Abb. links) und kurz darauf mit einem weiteren Schwamm wieder abgenommen wird (Abb. Mitte und rechts). Dadurch bleibt die aufgetragene Glasur vor allem in Ritzen und Spalten auf der Keramikoberfläche zurück. Nach dem Glasurbrand erhalten wir eine wunderbar plastisch wirkende Struktur, wodurch vorhandene Muster auf der Oberfläche der Keramik erst richtig schön zur Geltung kommen.

Pflanztopf in Form eines Kopfes

Durch den Abdruck in einer zweiteiligen Gipsform wird das Modellieren eines Kopfes beinahe zum Kinderspiel (siehe auch ab Seite 39, „Gipsformen herstellen"). Der Abdruck gibt Proportionen bereits vor, was sehr hilfreich ist sowie auch Zeit und Mühe spart. Ein Hohlraum zum späteren Bepflanzen ist ebenfalls vorhanden, die Ausstattung sowie die Gesichtszüge des Pflanzkopfes können dagegen nach Herzenslust frei verändert oder auch ganz neu gestaltet werden.

Schritt für Schritt

Damit sich der Ton später leichter wieder aus der Form löst (Abb. 1), wird eine dünne Kunststofffolie in den Innenraum der Gipsform eingelegt (Abb. 2), die Form anschließend mit Ton ausgelegt (Abb. 3). Der Ton muss gut in die

Individuell gestalteter Kopf mit Hohlraum zum Bepflanzen

Gipsform eingedrückt werden, damit wir einen vollständigen und möglichst ebenmäßigen Abdruck erhalten (Abb. 4). Auf gleiche Weise wird die zweite Form, welche den Hinterkopf abbildet, mit Ton gefüllt (Abb. 5). Der Ton schließt exakt mit dem Rand der Gipsform ab. Diese Ränder werden mit etwas zusätzlichem Ton verstärkt (Abb. 5), damit hier genug Tonmasse vorhanden ist, um die beiden zusammengesetzten Hälften an ihrer Naht miteinander zu verbinden.

Überstehende Ränder werden mit einem Messer abgeschnitten und die beiden Teile der Gipsform dann aufeinandergelegt und gut zusammengedrückt (Abb. 6).

Man langt nun ins Innere der Form und streicht alle Nahtstellen glatt (Abb. 7, 8). Dies muss sehr gründlich geschehen, damit keine Sollbruchstellen entstehen können.

Es wird ein kreisrundes Stück Ton als Boden für das spätere Pflanzgefäß etwa „in Kinnhöhe"

Abb. 1

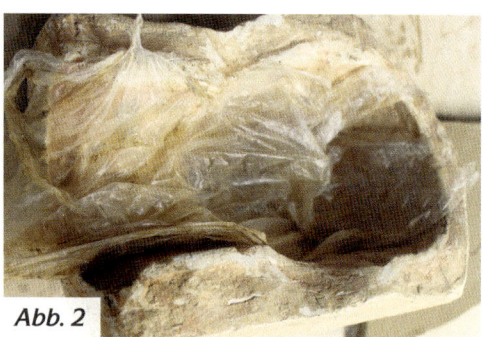

Abb. 2

Abb. 3

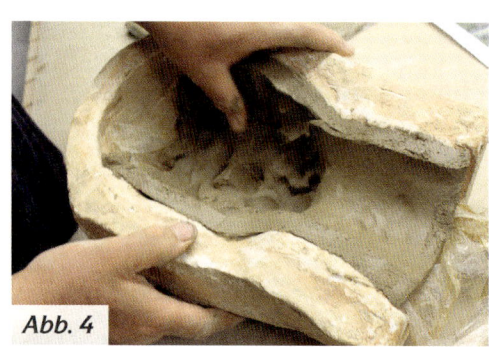

Abb. 4

Abb. 5

Abb. 6

der Gipsform eingesetzt. Dessen Nahtstellen werden ebenfalls durch Einkerben und Glätten bearbeitet und dadurch solide mit den Innenwänden des Tonkopfes verbunden. Damit Wasser ablaufen kann, wird zudem ein Loch in diesen Boden gestochen!

Nun ist es so weit und eine der beiden Gipsformhälften kann vorsichtig wieder aus der Form genommen werden (Abb. 9). Dazu stellen wir die Form in eine aufrechte Position. Die Folie wird ebenfalls vorsichtig vom Ton abgezogen und die Ausarbeitung des Kopfes kann nun in Angriff genommen werden (Abb. 10).

Fehler in der Oberfläche werden mit Tonmasse verschlossen und glatt gestrichen, die Ohren werden aufgesetzt und ausgeformt, die vorhandenen Gesichtszüge nach Herzenslust verändert und weitere künstlerische Details je nach Geschmack und Fantasie hinzugefügt.

Abb. 7

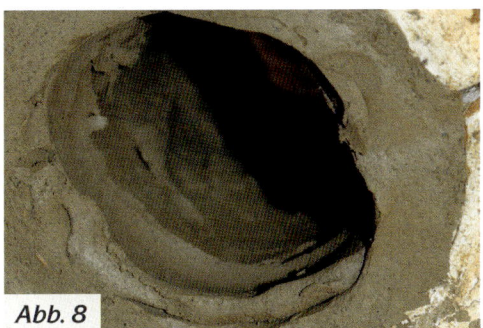

Abb. 8

Abb. 9

Abb. 10

Wird der Kopf während der Ausgestaltung mit weiterer Tonmasse aufgebaut, wie in diesem Fall mit einem geflochtenen Zopf, der sich um seine Stirn windet, muss auf eine gründliche Befestigung der hinzugefügten Teile geachtet werden. Dort, wo der Zopf die Stirn des Kopfes berührt, wird der weiche Ton mit Hilfe eines Modellierholzes eingekerbt (Abb. 11), anschließend werden dünne Streifen Ton in die entstandene Rille gelegt und glatt gestrichen (Abb. 12).

HINWEIS	Sorgfältig modellieren

Das gründliche Aufmodellieren hinzugefügter künstlerischer Details verhindert ein Abplatzen dieser Teile während des Brennvorgangs.

Zwischenzeitlich wurde auch der zweite Teil der Gipsform abgelöst (Abb. 13), sodass nun der Tonkopf im Ganzen fertig modelliert werden kann (Abb. 14).

Abb. 11

Abb. 12

Abb. 13

Abb. 14

Sobald die Modellierung des Tonkopfes abgeschlossen und ein Ergebnis nach Wunsch entstanden ist, wird die gesamte Oberfläche des Tons mit angefeuchteten Fingern schön glatt gestrichen. Hilfreich ist ein abgeschnittener Finger eines Gummihandschuhs, den man sich hierbei überstülpt.

TIPP | **Abzugslöcher**

Soll der bepflanzte Tonkopf im Garten aufgestellt werden, empfiehlt es sich, auf jeden Fall ein Abzugsloch in den Boden zu stechen!

Der in einer zweiteiligen Gipsform abgeformte Pflanztopf kann individuell variiert werden.

Gemusterte Oberflächen gestalten

Wer möchte, kann dem Tonkopf ein noch individuelleres Aussehen verleihen, indem die Oberfläche des Gesichts dekorative Muster erhält.

Hierzu werden eingerollte Tonschnecken (Abb. 1) oder dergleichen zuerst in die Kopf-Gipsform gelegt und anschließend dünn mit Ton abgedeckt (Abb. 2, 3). Die Tonmasse wird nun vorsichtig angedrückt, sodass die Struktur der darunterliegenden Muster erhalten bleibt (Abb. 4), danach wird der Abdruck ganz normal – wie oben beschrieben – fortgeführt und der Kopf nach Wunsch fertig modelliert.

Abb. 1

Abb. 2

Abb. 3

Abb. 4

Freies Modellieren

Das freie Modellieren macht vielen, die mit Ton arbeiten, nicht selten auch die größte Freude. Während man ein Stück Tonmasse nach eigenen Vorstellungen modelliert und Figuren, Gesichter oder auch kleine Gebrauchsgegenstände entstehen, entspannt sich der Geist. Man kann beim Töpfern die Belastungen des Alltags wunderbar abstreifen und nicht selten stellt sich während des Modellierens ein soge-nannter „flow" ein, also ein Zustand, in welchem man sich „im Fluss" oder auch im Einklang mit seiner Umgebung befindet.

Gesichter modellieren

Das freie Modellieren von Gesichtern fällt vielen Töpferschülern jedoch am Anfang schwer. Mit einem kleinen Trick kann man sich hier behelfen, indem die Tonmasse zunächst in eine ent-

Geschlossene Augen sind einfacher zu modellieren als offene.

sprechende Form gedrückt wird, sodass bereits die ungefähren Proportionen eines Gesichts entstanden sind.

Das noch unfertige Gesicht kann anschließend in seinen Feinheiten nach Lust und Laune gestaltet werden. Es ist mitunter überraschend und mit Sicherheit auch faszinierend zu sehen, was dabei an Mimik vor unseren Augen und unter unseren Händen entsteht. Das Modellieren von Gesichtszügen ist vielleicht nicht jedermanns Sache, es ist allerdings weit weniger schwierig, als man denkt, und einen Versuch in jedem Fall wert.

> **WICHTIG** | **Kein Trennmittel bei Gips**
>
> Gipsformen werden niemals mit einem Trennmittel eingepinselt, der Ton lässt sich in aller Regel gut aus ihnen herauslösen!

Schritt für Schritt

Aus einer vorhandenen einfachen Kunststoffform (Abb. 1) wurde zunächst eine Gipsform erstellt (Abb. 2) („Gipsformen herstellen", ab Seite 39).

Abb. 1

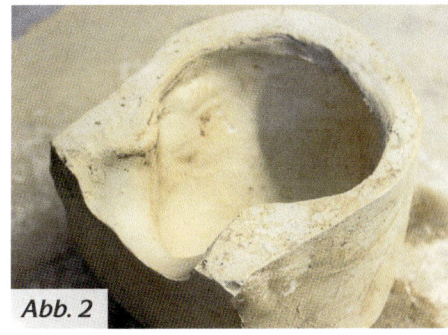

Abb. 2

Abb. 3

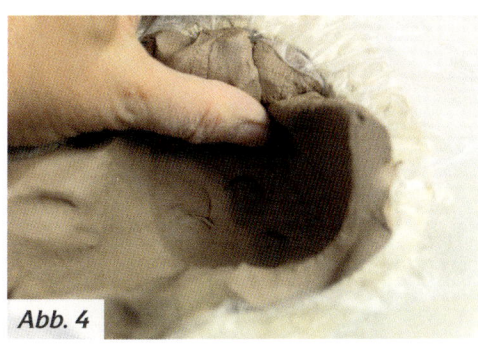

Abb. 4

Die Gipsform wird mit einer dünnen Folie ausgelegt (Abb. 3) und anschließend mit Ton aus-
gekleidet (Abb. 4). Die Tonmasse wird gut eingedrückt, überstehende Ränder werden dabei
abgeschnitten, und kann anschließend wieder
entnommen werden.

Beispiel 1: Die Gesichtszüge im Tonrohling
sind nur vage angedeutet (Abb. 1), doch das ist
absolut ausreichend für unsere Zwecke, denn

wir möchten gerne ein völlig neues Gesicht gestalten, formen Nase und Mund aus (Abb. 2,
3, 4), verändern die Kopfform und modellieren
eine schöne Frisur (Abb. 6). Besonders schwierig für Anfänger ist die Gestaltung der Augen
sowie auch der Ohren. Man kann sich zunächst
damit behelfen, dass man durch das Einritzen
von Lidern und Wimpern geschlossene Augen
modelliert (Abb. 5). Ohren können von Haaren
oder einer Kopfbedeckung kaschiert werden,

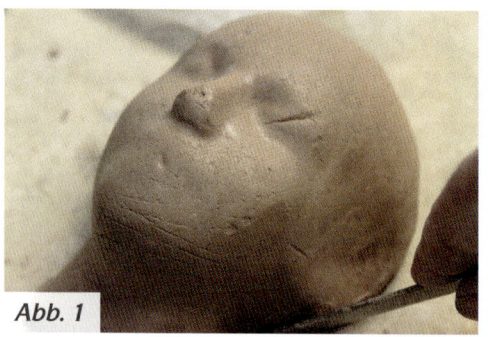
Abb. 1

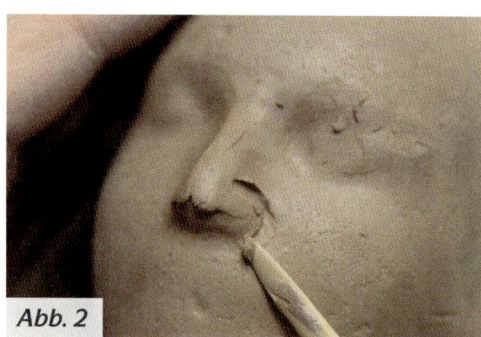
Abb. 2

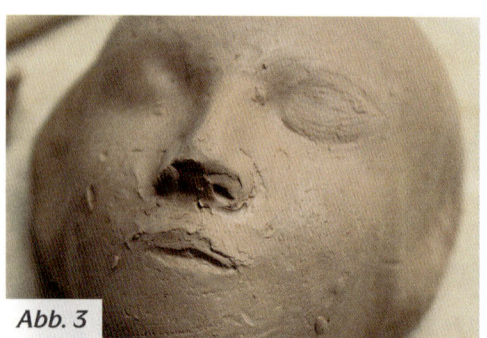
Abb. 3

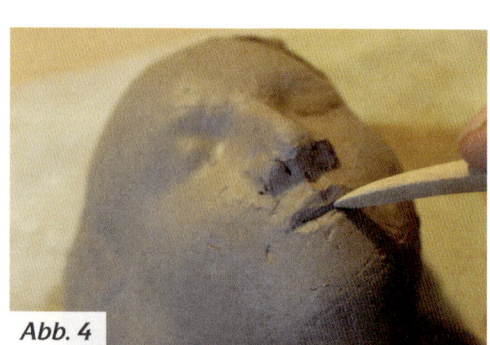
Abb. 4

Abb. 5

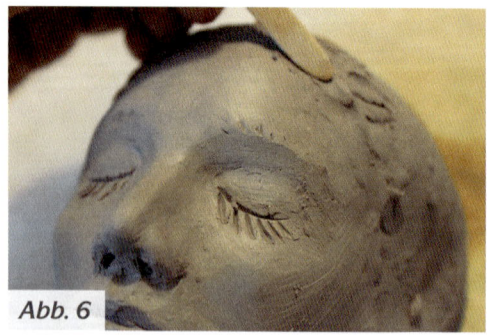
Abb. 6

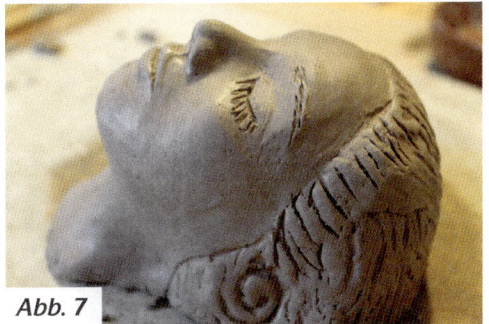

Abb. 7

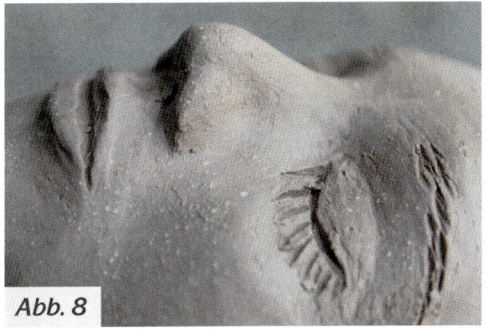

Abb. 8

Abb. 9

oder man formt die Ohren abstrakt in Form einer Spirale (Abb. 7) oder einer Muschel aus.

Beispiel 2: In diesem Beispiel zeigen wir gerne auch Mut zu ungewöhnlichen Charakteren, indem die Nase markanter wird, das Kinn kleiner und die Stirn breit. Ein junger Mann, der vielleicht gerade auf einem Fischerboot in der Nordsee arbeitet, schaut aus dem Ton heraus.

Modellierhölzer helfen beim detaillierten Gestalten der Gesichtszüge, die Gesichtsform wird einfach mit Hilfe der Finger ausgebildet (Abb. 1, 2).

Eine Kopfbedeckung ersetzt die Haarpracht und wir versuchen uns ruhig auch einmal an einem geöffneten Augenpaar, dass dem Gesicht sogleich mehr Ausdrucksstärke verleiht (Abb. 3).

Abb. 1

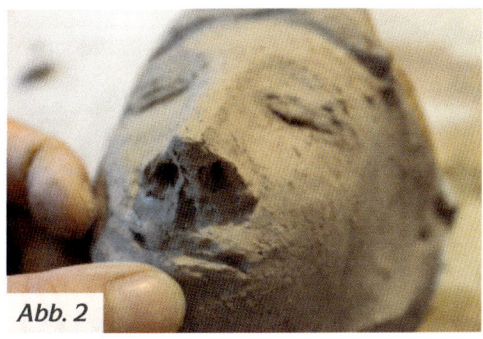

Abb. 2

Abb. 3

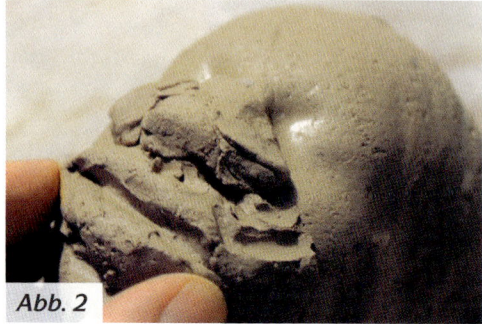

Abb. 2

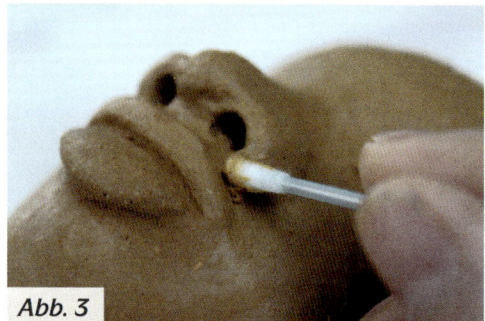

Abb. 3

Beispiel 3: Für diese Variante wird weiterer Ton benötigt, der auf den Tonrohling aufgebracht wird, denn nun sollen Lippen und Nase richtig groß werden (Abb. 1, 2). Ein afrikanisch geprägtes Erscheinungsbild unseres Tonkopfes ist das Ergebnis (Abb. 5). Schwer zugängliche Partien werden mit einem feuchten Wattestäbchen geglättet (Abb. 3), ansonsten nehmen wir zum Glätten einfach die Finger (Abb. 4).

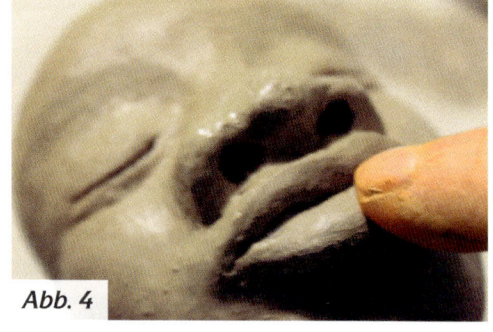

Abb. 4

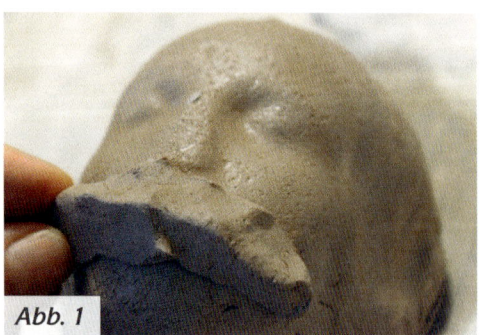

Abb. 1

Abb. 5

Das Modellieren von Gesichtern ist einfacher, als man denkt und einen Versuch wert!

Es ist spannend, ganz unterschiedliche Gesichter aus Ton zu modellieren, und weit weniger schwierig, als man denkt. Eine einfache Form zum Abdrücken eines Rohlings ist als Hilfsmittel erlaubt und gestattet dennoch das freie Modellieren der Gesichtszüge.

Variante: Charakterköpfe

Auch Kindern und Jugendlichen macht das Gestalten von Gesichtern Spaß. Dabei dürfen die Gesichter gerne auch mit riesigen Nasen oder Augen stark verfremdet werden.

Interessant ist auch die Kombination eines Gesichts auf einem Pflanztopf, so kann die darin beherbergte Pflanze mit in die Gestaltung einbezogen werden und es entstehen sehr schöne Kunstwerke aus Blättern, Blüten und einem ausdrucksstarken Antlitz in Keramik.

Schritt für Schritt

Kinder und Jugendliche sind beim kreativen Gestalten mit Tonmasse oft Feuer und Flamme. Ein lustiger Pflanztopf entsteht, indem zuerst Topfboden und Wandung miteinander verbunden werden. Dies geschieht durch tiefes Einkerben der Nähte und Hinzufügen von Tonmasse sowie durch anschließendes gründliches Verstreichen und Glätten (Abb. 1). Die einzelnen Bestandteile des Gesichts werden auf dem Topf platziert und sorgfältig aufmodelliert (Abb. 2). Die Gesichtszüge dürfen nun noch weiter verfeinert werden, bis das Ergebnis stimmig ist (Abb. 3).

Abb. 1

Abb. 3

Abb. 2

Frei modellierte Stelenspitze

Zaunlatten oder Pfosten mit selbst gestalteten Kappen aus Ton zu dekorieren, gelingt auch Töpfer-Anfängern. Schmale hohe Formen eignen sich auch zum Verzieren für die zurzeit sehr beliebten Staketenzäune. Oder man steckt die schmucken Zierobjekte einfach auf dicke Bambusstäbe und verschönert damit den Garten.

Füllt man Stroh, Laub oder Heu ins Innere der Kappe, entsteht darin außerdem ein Lebensraum für eine Vielzahl von Insekten (Käfer, Ohrwürmer u. v. m.).

Schritt für Schritt

Beim Gestalten dieser fantasievollen Stelenspitze gab es keinerlei Vorgabe, außer, dass mit dem fertigen Werk eine Stele, eine Zaunlatte oder ein Bambusstab verziert werden sollte. Zunächst wurde der Ton aus einer etwa 1,5 cm dicken Platte so ausgeschnitten, dass man ihn zu einer Art „Tüte" aufrollen konnte (Abb. 1).

Die Nähte wurden durch Einkerben und anschließendes Auffüllen mit weiterem Ton verschlossen und geglättet (Abb. 2, 3). Die Spitze
kann nun dekorativ gestaltet werden, indem Löcher in den Ton geschnitten, Muster eingeritzt
und Ränder verziert werden (Abb. 4–6). Den
Abschluss bildet das Modellieren aller Oberflächen, sodass eine schön anzusehende Keramik
entsteht (Abb. 7, 8).

Abb. 2

Abb. 1

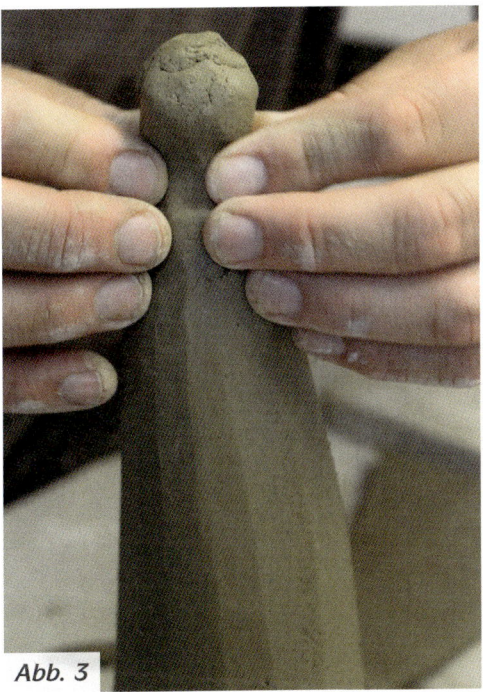

Abb. 3

Abb. 4

Abb. 5

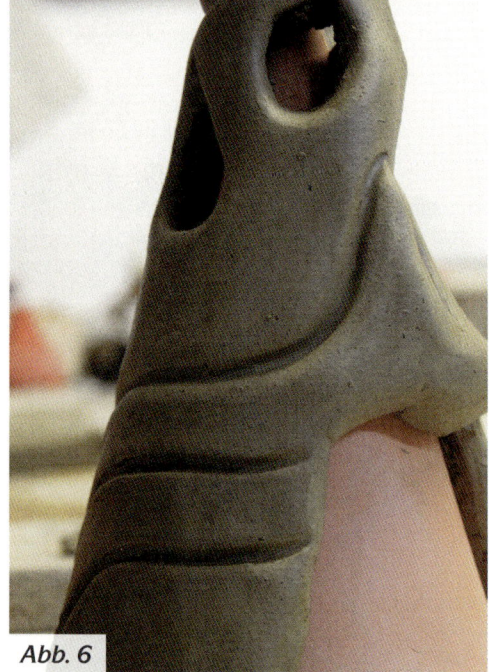

Abb. 6

Abb. 7

Abb. 8

TIPP   **Kreativ werden**

Stelenspitzen können vielfältig und nach Wunsch auch ganz frei modelliert werden. Ob man ein schickes Haus, eine alte Zipfelmütze oder einen Gartenzwerg bevorzugt, bleibt dem eigenen Geschmack überlassen. Eine fröhlich bunte Sammlung dekorativer Kappen lässt die Stimmung beim Betrachter sogleich ansteigen. Mit Stroh gefüllt bieten die Kappen wertvolle Lebensräume für allerhand Getier im Garten.

Verzierungen

Verzierungen verschönern alle Arten von Tonobjekten. Hier wird gezeigt, wie eine gedrehte Stelenspitze ausgeschmückt werden kann.

Schritt für Schritt

Die gedrehten Pfostenkappen (siehe hierzu auch unter „Drehen" ab Seite 169) sind auch ganz schlicht schon eine wahre Augenweide im Gar-

Dekorative Pfostenkappen schmücken einen alten Staketenzaun.

ten, verziert mit engelsgleichen Masken oder anderen Figuren und Mustern (Abb. 1) werden sie zu einzigartigen kleinen Kunstwerken.

Damit die Gesichter weich und flexibel werden, feuchtet man sie leicht an. Beim Aufsetzen der gegossenen Gesichter (siehe dazu auch auf Seite 63) sollte zunächst dafür gesorgt werden, dass Luft während des Brennvorgangs ungehindert entweichen kann. Zu diesem Zweck wird ein Loch in die Pfostenkappe geschnitten (Abb. 3),

darüber wird dann die kleine Maske aufgesetzt (Abb. 4) und mit der Kappe verbunden. Man sollte beim Befestigen aber auf keinen Fall zu viel Druck ausüben, da die zierlichen Masken aus Ton schnell Schaden nehmen könnten.

Mit einer speziellen Tonpresse (Abb. 5) können ganz feine Haare aus Ton geformt werden, wodurch die Gesichter besonders schön zur Geltung kommen (Abb. 6). Auf diese Weise können auch unschöne Übergänge zur Pfos-

Abb. 1

Abb. 2

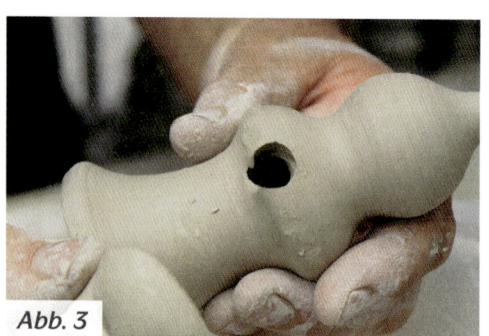

Abb. 3

Abb. 4

Abb. 5

Abb. 6

Abb. 7

Abb. 8

tenkappe kaschiert werden. Beim Gestalten und Dekorieren der Pfostenkappen darf jeder so kreativ werden, wie es ihm Freude bereitet (Abb. 7, 8).

Hohe „Licht"-Stele für den Garten

Diese aus vier rechteckigen Quadern sowie einem quadratischen Deckel zusammengesetzte Stele besticht durch ihre schlichte Form und dabei individuelle Ausgestaltung mit raffinierten Details und der Möglichkeit, eine stimmungsvolle Lichtquelle im Garten zu installieren.

Hohe, zusammengesetzte Stelen dienen als Lichtquelle im Garten.

Skizzen erstellen

Bei der Umsetzung größerer Keramik-Projekte ist es sinnvoll, vor Beginn der praktischen Umsetzung eine Skizze zu erstellen. Diese muss nicht unbedingt perfekt in der Ausführung sein. Die grafische Darstellung eines geplanten Vorhabens hilft allerdings bedeutend bei dessen Durchführung. Die Zeichnung unten zeigt eine Ansicht der verwendeten zweiteiligen Form von oben.

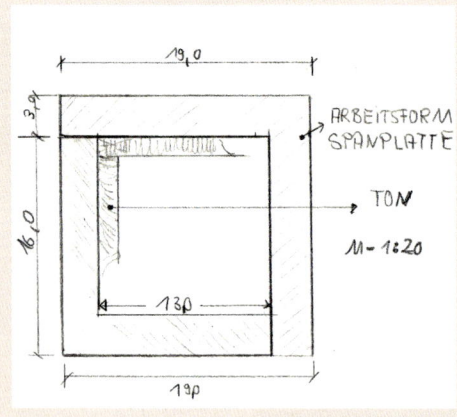

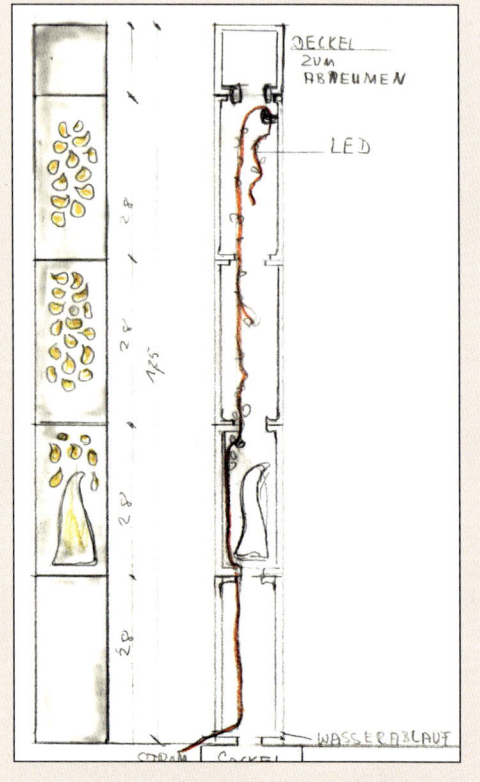

Schritt für Schritt

Zur Herstellung der vier Ton-Quader wurde eine aus Spanplatten erstellte zweiteilige Form verwendet (Abb. 1, 2). Eine dünne Folie, mit der die Form von innen ausgelegt wird, sorgt dafür, dass sich der Ton später gut ablösen lässt (Abb. 3).

Aus einer gewalzten Tonplatte (in einer Stärke von etwa 1,1–1,3 cm) wird ein passendes Teilstück herausgeschnitten und die Innenseite der zweiteiligen Form damit ausgelegt (Abb. 4), überstehende Ränder werden sauber abgeschnitten (Abb. 5). Wurden beide Seiten der Form mit Ton ausgelegt, müssen die beiden einzelnen Tonplatten an ihrer Nahtstelle gut ver-

bunden werden, indem der Ton dort zuerst mit einem Modellierholz tief eingekerbt (Abb. 6), die Naht anschließend mit dünnen Tonstreifen aufgefüllt und glatt gestrichen wird (Abb. 7).

Auf die gleiche Weise wird die zweite Hälfte der Form mit Ton ausgelegt. Allerdings muss hier ein entsprechend breiter Rand freigehalten werden (Abb. 8), damit die beiden Formhälften schließlich exakt zusammengesetzt werden können. Markierungslinien auf der Innenseite der Form sowie ein langes Lineal sorgen dafür, dass die eingelegten Tonplatten die vorgegebene Größe haben. Die Nahtstellen werden wiederum, wie oben beschrieben, miteinander verbunden.

Abb. 1

Abb. 2

Abb. 3

Abb. 4

Abb. 5

Abb. 6

Abb. 7

Abb. 8

Nun können die beiden Formhälften zusammengesetzt werden (Abb. 9). Im Innenraum der Form entsteht ein Quader aus Ton mit einer Wandstärke von gut 1 cm, der in seinem Inneren einen Hohlraum besitzt. Durch das Anbringen von zwei Schraubzwingen wird die Form mit Druck zusammengehalten (Abb. 10).

Die beiden neu entstandenen Nahtstellen im Inneren der Form müssen nun ebenfalls gut miteinander verbunden werden. Dazu langt man mit einem Modellierholz ins Innere der Form, kerbt die Naht damit vorsichtig ein, fügt ggf. noch etwas Tonmasse hinzu und streicht alles gut glatt (Abb. 11).

Alle vier Nähte im Inneren des Quaders sind nun gut miteinander verbunden worden (Abb. 12). Nun werden die oberen Ränder mit weiterem Ton verstärkt (Abb. 13), sodass eine größere Kontaktfläche zum nachfolgenden Tonquader entsteht. Durch eine Einkerbung

Abb. 9

Abb. 10

Abb. 11

Abb. 12

Abb. 13

Abb. 14

(Abb. 14) können die einzelnen Teile später besonders sicher mit einem Kleber verbunden werden. Die Unterseite des ersten Quaders wird ebenfalls verstärkt und eingekerbt, damit diese später an ihrem Standort mit einem Kleber auf dem vorgesehenen Untergrund befestigt werden kann. Die beiden Formhälften können nun abgenommen werden (Abb. 15). Die Ränder werden geglättet und nachmodelliert (Abb. 16).

Wurden alle Ecken und Kanten geglättet, werden die beiden Formhälften erneut um den Ton-Quader gelegt und mit Schraubzwingen fixiert (Abb. 17). Dadurch werden Verformungen, die beim vorhergehenden Bearbeiten des Ton-Quaders entstanden sein könnten, beseitigt. Die Abschlusskanten werden nochmals geprüft und ggf. begradigt (Abb. 18). Diese Auflageflächen müssen exakt in der Waage sein. Die beiden Formhälften werden erneut entfernt (Abb. 19).

Abb. 15

Abb. 16

Abb. 17

Abb. 18

Abb. 19

Nun beginnt die künstlerische Ausgestaltung des Quaders. In seine Wände können nun vorsichtig Muster geritzt und anschließend ausgeschnitten werden: Blätter, Blüten, Kreise oder Tropfen sorgen dafür, dass Licht aus der Stele herausströmen kann.

Alle Ränder der Ausschnitte müssen sorgfältig nachmodelliert werden (Abb. 20). Nach Bedarf kann der Tonquader nochmals kurz in die Form gegeben werden (Abb. 21), so können beim Bearbeiten entstandene Verformungen wieder korrigiert werden. Damit man später noch weiß, welche Seite des Quaders nach oben zeigen soll, wird am oberen Rand, also an der Auflagefläche zum nachfolgenden Quader, eine Markierung angebracht.

Je nach gewünschter Höhe der Stele werden nun drei oder vier dieser Quader hergestellt.

Als Abdeckung für die Licht-Stele wird nun noch eine etwas kleinere Haube in der gleichen

Abb. 20

Abb. 21

Abb. 22

zweiteiligen Form abgedrückt. Diese sollte in etwa zwischen 10 und 15 cm hoch sein. Da der Deckel nach oben hin geschlossen ist, wird ein quadratisches Stück aus einer Tonplatte ausgeschnitten und sorgfältig anmodelliert.

Diese Abdeckung wird später nur lose auf die hohe Stele aufgesetzt (Abb. 22) und dient dazu, dass man die Stele, die ggf. an ihrem Standort mit Fliesenkleber fest zusammengefügt wurde, von oben öffnen kann, um eine Lichterkette, Pflanzen o. Ä. im Inneren der Stele zu platzieren. Damit dieser Deckel nicht vom Wind heruntergeweht wird, sollte er keinesfalls zu groß angefertigt werden.

Variante: Dekorative Stele für den Garten

Hohe Keramik-Stelen sind zurzeit der große Renner für den Garten. In ihrer Gestaltung lassen sie viel Spielraum für eigene Ideen. Sie werden aus vielen Einzelteilen zusammengesetzt, jedes für sich wird in der Keramikwerkstatt gestaltet und modelliert, wobei bei der Herstellung auch verschiedene Techniken zum Einsatz kommen können. Ganz frei modellierte Teile können mit Abdrücken aus Gipsformen oder an der Töpferscheibe gedrehten Objekten kombiniert werden. Durch die Verwendung unterschiedlicher Glasuren können bei der Gestaltung einer dekorativen Stele weitere künstlerische Effekte erzielt werden.

Schritt für Schritt

Die Stelenspitze sowie einige weitere Stelen-Bestandteile werden zunächst in zweiteiligen Gipsformen (Abb. 1) abgedrückt und anschließend nach Wunsch modelliert. Hierzu wird der Ton zunächst aus einer Tonplatte ausgeschnitten, die Form mit ihm ausgelegt, gut eingedrückt und ein rundlicher Hohlraum im Inneren ausgeformt (Abb. 2). Danach werden die beiden Formenteile aufeinandergesetzt, gut ange-

drückt und die von außen sichtbaren Nähte verschlossen. Sogleich wird die Form geöffnet (Abb. 3), sodass der entstandene Abdruck nun von allen Seiten modelliert und nach Wunsch auch noch verändert und umgestaltet werden kann (Abb. 4).

Um die Stele dekorativ in die Höhe wachsen zu lassen, benötigt man zunächst einen entsprechenden Ständer. Diesen kann man beim Schlosser fertigen lassen. Es handelt sich dabei um eine rechteckige oder auch runde Platte aus Stahlblech, aus deren Mitte eine Stange emporragt.

Um die Stahlplatte zu kaschieren, fertigt man zunächst eine Abdeckung an. Diese kann rechteckig oder auch rund sein. Die Abdeckung wird aus einer ausgewalzten Tonplatte ausgeschnitten (Abb. 5), dann drückt man mit einem Röhrchen ein Loch in ihren Mittelpunkt (Abb. 6). Nun kann in dieses Loch in der Platte die Stange gesteckt werden. Einzelne Bestandteile der Stele werden nun ebenfalls nacheinander und mit einer gewissen Vorsicht über die Stange geschoben und in dekorativer Reihenfolge dort „aufgefädelt" (Abb. 7), den Abschluss bildet eine schöne Stelenspitze (Abb. 8).

> **HINWEIS** | **Schrumpfung beachten**
>
> Die Lochung der einzelnen Stelen-Teilstücke muss um einiges größer als der Durchmesser der Stange sein, da der Ton während des Brennens noch insgesamt etwa 7 % schrumpft (= durchschnittliches Schrumpfmaß, dessen Wert, je nachdem, welcher Ton verwendet wurde, schwanken kann).

Schlichte Tonringe als Bestandteil einer hohen Garten-Stele sehen immer schön aus. Man fertigt sie in verschiedenen Größen am besten mit Hilfe von Teilstücken eines HT-Rohres an. Bevor man die Tonmasse in das Rohr-Teilstück hineinpresst, sollte das Kunststoffrohr von innen mit

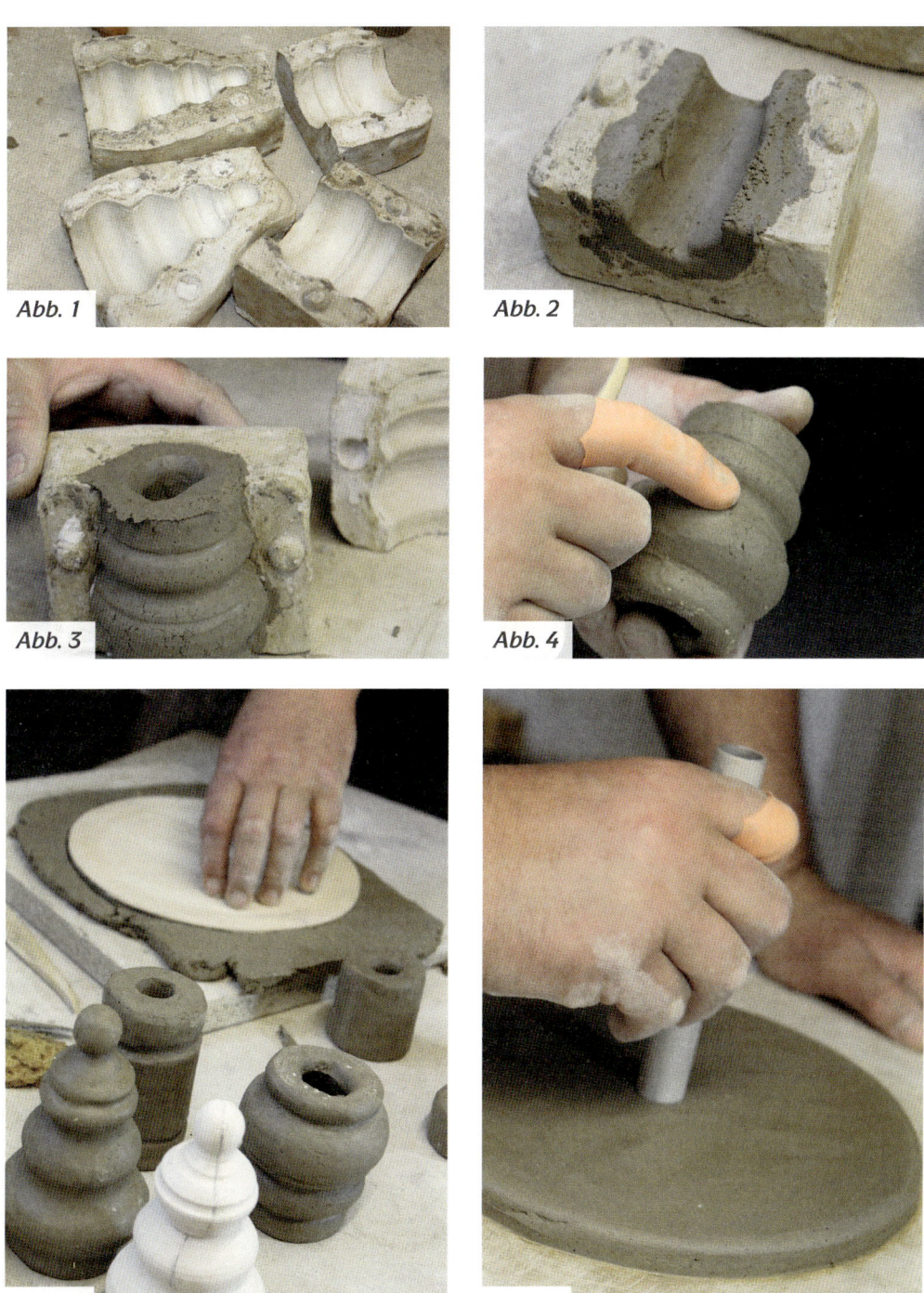

Abb. 1

Abb. 2

Abb. 3

Abb. 4

Abb. 5

Abb. 6

Abb. 7

einem Trennmittel (z. B. Speiseöl) eingepinselt werden, damit sich der Ton anschließend leichter aus dem Rohr herauslösen lässt.

Die Tonmasse wird nun hineingegeben und gut festgedrückt (Abb. 9), mit einem Röhrchen wird ein Loch in die Mitte der Tonfüllung gestanzt (Abb. 10). Der Tonzylinder wird nach der Entnahme ansprechend modelliert (Abb. 11) und nach Wunsch verziert (Abb. 12, 13).

TIPP	Ton richtig aufbewahren

Wird mehrere Tage an der Fertigstellung der Stele gearbeitet, bewahrt man bereits fertiggestellte Teilstücke am besten in einer luftdicht verschlossenen Dose auf oder wickelt sie vorsichtig in Folie ein. So bleiben sie weich und können über einen längeren Zeitraum hinweg bearbeitet werden.

Abb. 8

Abb. 9

Abb. 10

Abb. 11

Abb. 12

Abb. 13

Fliesen

Sie liegen zurzeit voll im Trend: dekorative Keramik-Fliesen in abwechslungsreicher Gestaltung. Mal gefallen sie einzig durch eine in ihre Oberfläche gestempelte Gravur oder einen aussagekräftigen Text, ein anderes Mal durch eine farbige Glasur, dann wieder durch ein besonders ansprechendes Motiv, welches die kleine Kachel ausdrucksstark in Szene setzt. Es entstehen kleine effektvolle Keramiken, die auch als Geschenk niemals ihre Wirkung verfehlen. Die Herstellung ist kinderleicht!

Stempeln – Motive in unbegrenzter Vielfalt

Das Verzieren von kleinen rechteckigen Tonfliesen mit Hilfe von Stempeln und Gravuren wird immer beliebter. Es stehen vielfältige Möglichkeiten offen, dem eigenen Werk noch etwas mehr Individualität und Ausdruck zu verleihen, indem Muster oder Schriftzüge auf seiner Oberfläche abgebildet werden. Als Stempel kann zum Einsatz kommen, was in

Fliesen in mannigfaltiger Gestaltung

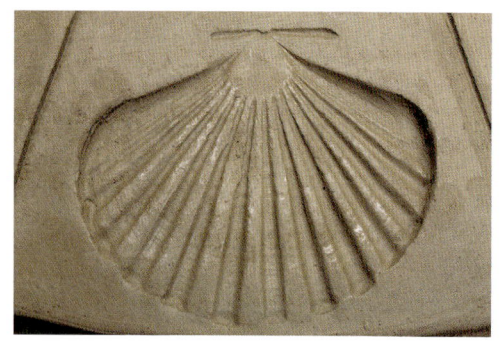

*Zauberhaftes rundes
Fliesenbild „Schmetterlinge"*

Aussagekräftige Fliese „Köln"

irgendeiner Weise einen dekorativen Abdruck im Ton hinterlässt, also Muscheln ebenso wie einzelne Buchstaben oder auch schon fertige Stempel mit kompletten Schriftzügen sowie jedes andere ausdrucksstarke Relief.

Zahlreiche Schriftzüge werden im Fachhandel als fertige Stempel angeboten. Oder man stempelt den weichen Ton mit einzelnen Buchstaben und bildet einzelne Worte oder auch ganze Sätze im Ton ab. Alternativ kann der Schriftzug auch mit einem spitzen Gegenstand (dünne Stricknadel, Bleistift, Modellierholz

o. Ä.) eingeritzt werden. Vor dem Gebrauch wird die Stempeloberfläche mit einem dünnflüssigen Öl eingepinselt, damit sich der Stempel leichter wieder ablöst und ein sauberer Abdruck entsteht. Ein einfaches Speiseöl reicht hier vollkommen aus.

Damit kann Ton gestempelt oder verziert werden:
- Muschelschalen
- Fertige Stempel aus Kunststoff, Gummi, Holz oder Metall

Bunte Fliesenvielfalt – stets hübsch anzusehen und als Geschenk ein Hit!

- Blätter mit ausgeprägten Blattrippen, Blüten, Rindenstücke u. v. m.
- Stricknadeln, Stifte oder Modellierhölzer zum Einritzen
- Dünne Rohrabschnitte aus Metall oder Kunststoff zum Eindrücken kleiner Kreise
- Plätzchen-Ausstecher
- Kämme aus Holz oder Kunststoff für feinc Rillen
- Noppenfolie oder andere Folien mit einer erhabenen, gemusterten Oberfläche
- Gegenstände aus Haushalt und Garten, mit welchen ein Muster im Ton abgebildet werden kann (Teesieb, Gabeln, Kartoffelreibe u. v. m.)

Ein schönes Relief als Stempel für positive und negative Abdrücke

Stempel selbst anfertigen

Damit wir unsere Tonwerke auch häufiger mit einer ganz bestimmten Gravur verzieren können, ist es sinnvoll, auch einige Stempel selbst anzufertigen. Es stehen hierbei mehrere Möglichkeiten der Herstellung zur Verfügung. Muscheln, Schneckenhäuser und vieles mehr können auf einen Griff aus Holz geklebt werden, sodass mit Hilfe des entstandenen Stempels auch größere Flächen sehr leicht und schnell verziert werden können.

Alternativ können Stempel auch aus Ton gestaltet werden. Das Motiv kann entweder kunstvoll und ganz frei in die Tonmasse modelliert und zu einer Keramik gebrannt oder per Abdruck von einem Original gewonnen werden.

Ein Stempel zum Gravieren von Tonwerken entsteht, wenn zuvor ein Abdruck eines beliebigen Gegenstandes oder auch nur eines kleinen Abschnitts daraus gewonnen wurde. Man drückt hierzu ein entsprechend großes Stück Tonmasse auf das entsprechende Relief, welches man abformen möchte, und brennt den gewonnenen Abdruck anschließend zu einer Keramik. Später fertigt man einen weiteren Abdruck an, indem man Tonmasse in die entstandene Form drückt. So erhält man sowohl einen negativen als auch einen positiven Stempel des gewünschten Reliefs.

Eine Muschel mit Holzgriff dient fortan als dekorativer Stempel für weiche Tonmassen.

Eine umfangreiche Sammlung selbst angefertigter Stempel

Aus Ton frei modellierter Stempel für einen positiven (= erhabenen) Abdruck im Ton.

Zur besseren Anwendung wurde ein kleiner Griff auf seine Rückseite modelliert.

Stempeln und gravieren
Schritt für Schritt

Fliesen, die gestempelt werden sollen, werden aus einer gewalzten Tonplatte ausgeschnitten oder mit einem Ausstecher (Abb. 1), beispielsweise Ausstecher aus Metall (Abb. 2), die man auch aus der Lebensmittelherstellung kennt, ausgestanzt. So entstehen mehrere Fliesen in exakt gleicher Größe (Abb. 3).

Schriftzüge oder ornamentale Reliefs werden anschließend kunstvoll in die Oberfläche des Tonrohlings gedrückt (Abb. 4) und machen aus einer einfachen Tonfliese im Nu eine aussagekräftige Dekoration wie auch ein gern gesehenes Geschenk. Zum Abschluss können alle Ränder und die Oberfläche rund um die Gravur ansprechend geglättet werden. Dazu nimmt man die leicht befeuchteten Finger oder einen feuchten Schwamm. Ein abgeschnittener Finger eines Gummihandschuhs leistet hierbei ebenfalls gute Dienste! Nach einer mehrtägigen Trocknungszeit werden die Fliesen zum ersten Mal gebrannt (Abb. 5). Farbige Glasuren und aufgesetzte Figuren erlauben weitere kreative Gestaltungen und lassen jede einzelne Fliese zu einem individuellen kleinen Kunstwerk werden (Abb. 6–8) (zur Herstellung von Figuren siehe ab Seite 131).

HINWEIS | **Gleichmäßig stempeln**

Beim Stempeln darauf achten, dass das gestempelte Motiv gleichmäßig und nur wenige Millimeter tief in den Ton eingedrückt wird. Der Stempel wird zuvor mit einem Trennmittel (Speiseöl) eingepinselt.

Abb. 1

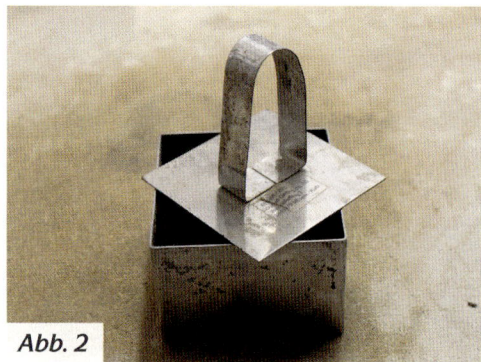

Abb. 2

Abb. 3

Abb. 4

Abb. 5

Abb. 6

Abb. 7

Abb. 8

Abdrücke in fertigen Gipsformen

Noch einfacher funktioniert das Gestalten der Fliesen, wenn entsprechende einteilige Gipsformen vorhanden sind, in welche der Ton gut eingedrückt, die Oberfläche glatt gestrichen und der Ton anschließend wieder entnommen wird. Im Unterschied zum Stempeln und Gravieren entsteht in diesem Fall ein erhabenes Motiv auf der Oberfläche der Tonfliese. Mit oder ohne Glasur können auf diese Weise dekorative Zierobjekte für Haus oder Garten gestaltet werden.

Schritt für Schritt

Eine Tonplatte wird in einer Dicke von etwa 1–1,5 cm entweder mit einem Nudelholz oder einem HT-Rohr ausgerollt (siehe dazu auch auf Seite 55) oder alternativ mit einer Walze ausgewalzt (Seite 57). Je nach Größe der Gipsform wird nun ein entsprechend großes Stück Ton aus der Platte ausgeschnitten. Alternativ kann der Ton auch in der Größe der Gipsform ausgestanzt werden (Abb. 1, 2).

| **WICHTIG** | **Kein Trennmittel bei Gips** |

Gipsformen niemals mit einem Trennmittel behandeln!

Die ausgewählten Gipsformen werden griffbereit auf den Tisch gelegt (Abb. 3, 4). Das ausgeschnittene Tonstück wird nun in die Gipsform gegeben und gut angedrückt (Abb. 5, 6). Die Form sollte bis zu ihren Rändern komplett mit Tonmasse ausgefüllt werden.

Das Eindrücken der Tonmasse in die Gipsform muss sehr gründlich geschehen. Man kann

Das gleiche Motiv in ganz unterschiedlicher Gestaltung

dafür auch einen Gummihammer zu Hilfe nehmen (Abb. 7).

Je sorgfältiger man beim Andrücken des Tons vorgeht, desto genauer wird das Motiv im Inneren der Gipsform schließlich auf dem Ton abgebildet!

WICHTIG | **Vorsicht mit Gipsformen**

Beim Arbeiten mit einem Gummihammer niemals zu kräftig auf den Ton schlagen, da die Gipsform dabei zu Bruch gehen könnte!

Die Oberfläche sollte ebenmäßig und glatt sein, damit die fertige Kachel auch plan, also ohne zu wackeln, auf ihrem Untergrund aufliegen kann. Dellen und Vertiefungen werden mit Ton aufgefüllt, der wiederum gut eingedrückt werden muss. Lufteinschlüsse müssen unbedingt vermieden werden! Ein Zuviel an Tonmasse wird mit einem glatten Messer entfernt.

Mit Hilfe eines spitzen Messers löst man den Ton nun vorsichtig aus der Form heraus.

Hierzu stellt man die Form hochkant vor dem Körper auf und sticht mit dem Messer in eine Ecke, um dann den kompletten Inhalt der Form herauszuheben (Abb. 8, 9).

Die kleine Fliese aus Ton liegt nun vor uns auf dem Tisch. Bevor sie jedoch gebrannt wird, werden alle Kanten begradigt, Oberflächen werden geglättet. Dies kann mit dem bloßen Finger ebenso geschehen wie auch mit einem übergestülpten Gummifinger oder mit anderen Werkzeugen, wie Modellierhölzern, Messern oder anderen Hilfsmitteln (Abb. 10–12).

Details können nach Belieben verändert werden. Sobald wir zufrieden mit der Ausarbeitung der Tonfliesen sind (Abb. 13, 14), können diese nach einer Trocknungsphase von mehreren Tagen im Ofen gebrannt werden.

Es entstehen langlebige Kacheln, kleine Fliesen und vieles mehr, womit Haus und Garten abwechslungsreich dekoriert werden können. Eine farbige Glasur gibt der kleinen Fliese den letzten Schliff (siehe dazu auch unter „Glasuren" ab Seite 31) (Abb. 15–18).

Abb. 1

Abb. 2

Abb. 3

Abb. 4

Abb. 5

Abb. 6

Abb. 7

Abb. 8

Abb. 9

Abb. 10

Abb. 11

Abb. 12

Abb. 13

Abb. 14

Fliesenbilder

Ein aus mehreren Teilstücken zusammengesetztes Fliesenbild ist als ausgefallene Dekoration in Haus und Garten vielseitig einsetzbar: Ob als Einleger für den Boden oder zum Gestalten einer Tischplatte, als ansprechender Rahmen für einen runden Wandspiegel, als Kompass für den Garten oder schlicht und einfach, um eine Wand mit ihm zu verschönern. Das runde Bild aus selbst gestalteten Fliesen ist immer eine Augenweide!

Rundes Fliesenbild mit Fischmotiv
Schritt für Schritt

Das Fliesenbild mit Fischmotiv hat einen Durchmesser von 60 cm. Um ein rundes Motiv im Ton abzubilden, zeichnen wir unseren Entwurf zunächst in Originalgröße (+ Schrumpffaktor auf einen Bogen Transparentpapier (Abb. 1, 2). Exakt runde Kreise erhält man mit Hilfe einer Schnur und zweier Stifte. Dazu bindet man die Schnur in der Länge des gewünschten Radius

Das runde Fliesenbild ist eine Zierde für Haus und Garten.

locker an den beiden Stiften fest und zieht mit dem einen Stift – bei gleichmäßig straffer Schnur – einen Kreis um den zweiten Stift herum, der währenddessen im Kreismittelpunkt festgehalten wird. Mit einem Durchmesser von 64 cm wird zunächst der äußere Kreis auf das Papier gezeichnet (Schnurlänge: ‚r' = 32 cm). Nach Wunsch kommen weitere (kleinere) Kreise hinzu (Abb. 2).

Im Zentrum des Bildes soll ein auffallendes Motiv die Aufmerksamkeit auf sich ziehen. Im gezeigten Beispiel handelt es sich um einen Fisch, der per Hand gezeichnet und dann sauber auf ein weiteres Stück Transparentpapier übertragen wird (Abb. 3, 4). Es ist sinnvoll, dieses Motiv extra auszuschneiden, dann kann die Mitte des Fliesenbildes nach Lust und Laune immer wieder verändert werden (Abb. 4)!

Mit einem Lineal werden nun weitere Markierungslinien eingezeichnet: Die Flächen zwischen den äußeren Kreisen werden hierbei

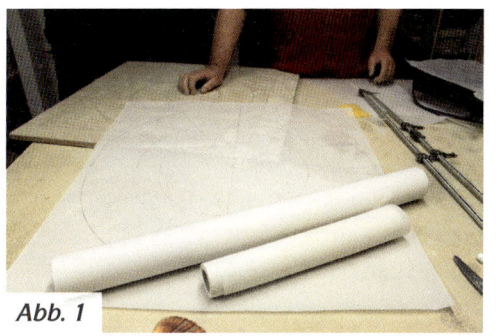

Abb. 1

Abb. 2

Abb. 3

Abb. 4

Abb. 5

Abb. 6

in gleich große Stücke aufgeteilt, ähnlich der Aufteilung eines Kuchens. Der Innenkreis wird hierbei ausgespart (Abb. 2).

Es entstehen nun viele gleich große Felder, die auf verschiedene Weise verziert werden können. Wir wählen hierzu aus einer kleinen Stempelsammlung entsprechende Motive aus (Abb. 5, 6).

Der Ton wird nun zu Platten mit einer Stärke von etwa 1,5 cm gewalzt oder man greift auf bereits fertig gewalzte Tonplatten zurück, wie sie – neben den kompakten Tonblöcken – ebenfalls bei einigen Herstellern erhältlich sind (Abb. 7). Die einzelnen ausgewalzten Tonplatten werden nun auf die Arbeitsplatte gelegt und zu einer einzigen großen Platte verbunden. Die runde Platte soll einen Durchmesser von mindestens

Ein als Kompass gestaltetes Fliesenbild als dekorativer Bodeneinleger

64 cm aufweisen, damit die Papierschablone vollständig darauf Platz findet.

Damit aus mehreren aneinandergelegten Tonplatten eine einzige große Platte entsteht, müssen alle vorhandenen Nahtstellen sorgfältig verschlossen werden. Dazu werden die Nähte mit einem Modellierholz auf ihrer gesamten Länge tief eingedrückt (Abb. 8) und die entstandene Rille wird anschließend mit Ton wieder aufgefüllt und glatt gestrichen (Abb. 9, 10). Die

Naht kann auch über Kreuz eingeschnitten, anschließend ebenfalls mit Ton aufgefüllt und glatt gestrichen werden (Abb. 11).

Wurden alle Nähte gründlich verschlossen, wird die gesamte Oberfläche der Platte geglättet (Abb. 12). Dies sollte mit großer Sorgfalt geschehen, um einerseits eine ansprechende Optik des fertigen Fliesenbildes zu erhalten und andererseits, um zu verhindern, dass der Ton während des Brennvorgangs Risse bekommt.

Abb. 7

Abb. 8

Abb. 9

Abb. 10

Abb. 11

Abb. 12

TIPP | **Teigschaber**

Zum Glätten größerer Flächen kann auch ein Teigschaber verwendet werden.

Hat die Tonplatte die erforderliche Größe von mindestens 64 cm im Durchmesser erreicht, wird die Papierschablone aufgelegt **(Abb. 13)**. Die Konturen des Motivs werden nun mit

der stumpfen Seite eines Modellierholzes und leichtem Druck nachgezeichnet, sodass sie sich im darunterliegenden Ton abdrücken **(Abb. 13, 14)**. Gerade Linien können auch mit Hilfe eines Lineals nachgezogen werden **(Abb. 14)**. Wurden alle Linien vollständig übertragen, wird das Transparentpapier vorsichtig von der Tonplatte abgezogen **(Abb. 15, 16)**.

Nun wird die Papierschablone mit dem Fischmotiv in den Mittelkreis auf die Tonplat-

Abb. 13

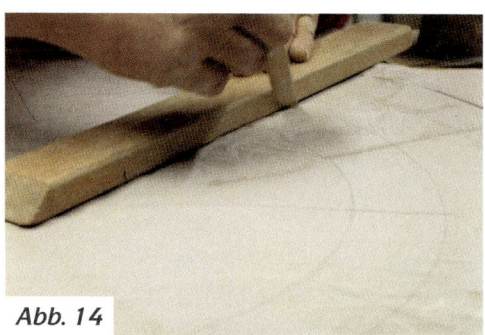

Abb. 14

Abb. 15

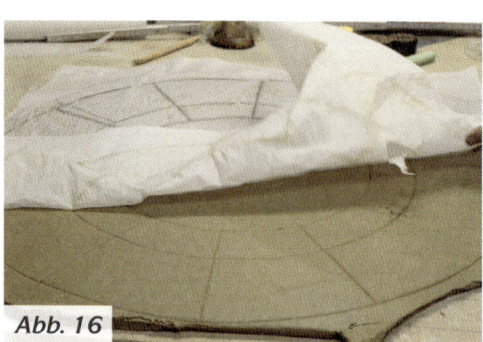

Abb. 16

Abb. 17

Abb. 18

te aufgelegt (Abb. 17). Dessen Linien werden nun ebenfalls sorgfältig mit der stumpfen Seite eines Modellierholzes und mit leichtem Druck nachgezeichnet, sodass anschließend sowohl Umrisse wie auch Details des Fisches auf der Tonplatte erkennbar sind (Abb. 18).

Variationen für die Fliesenbildmitte

Anstelle des Fischmotivs kann für die Mitte des Fliesenbildes natürlich auch jedes andere Motiv gewählt werden. Eine Möglichkeit stellt auch die Gestaltung einer erhabenen Mitte mit Hilfe einer einteiligen Gipsform dar.

Abdrücke aus Gipsformen können ebenfalls zur Gestaltung eines Fliesenbildes dienen.

Aufwändig gestaltetes Fliesenbild mit einem Buddha im Zentrum

Nun geht es an die Feinarbeit! Das Fliesenbild erhält seine dekorative Verzierung. Nachdem das Transparentpapier entfernt wurde, wird das Motiv auf dem Ton sichtbar. Änderungen und Korrekturen sind zu diesem Zeitpunkt natürlich noch möglich.

Mit einem feinen Modellierholz werden nun alle Linien noch einmal nachgezeichnet (Abb. 19). Einzelne Felder werden mit ausgewählten Motiven gestempelt (Abb. 20). Der Stempel wird hierbei gleichmäßig mit einem Gummi-hammer in den weichen Ton getrieben (Abb. 21). Nur wenige Millimeter tief sollte das gestempelte Motiv in den Ton hineingedrückt werden.

TIPP | **Abdrücke korrigieren**

Fehlerhafte Stempelabdrücke können jederzeit korrigiert und wiederholt werden. Dazu wird ein wenig Ton auf den Abdruck gegeben und die Stelle ordentlich glatt gezogen (Abb. 22).

Wurden alle Fliesenfelder nach Wunsch verziert, kann der Rand entlang der äußeren Kreislinie sauber abgeschnitten werden (Abb. 23). Dazu wird ein scharfes Messer verwendet. Alle Oberflächen werden nochmals kontrolliert und ggf. mit (oder ohne) Hilfe eines „Fingerlings" (= abgeschnittener Finger eines Gummihandschuhs) geglättet (Abb. 24, 25).

Nach einer mehrstündigen Trocknungszeit werden die einzelnen Fliesenteile ausgeschnit-

ten. Sie sollten inzwischen so weit gefestigt sein, dass sie sich bei der Entnahme nicht mehr allzu stark verbiegen können (Abb. 26). Die Kanten werden versäubert (Abb. 27).

Die einzelnen Fliesenstücke werden auf ihrer Rückseite nummeriert (Abb. 28) und die Nummern in gleicher Reihenfolge auch auf dem Transparentpapier eingetragen. Dadurch wird gewährleistet, dass man das Fliesenbild auch nach dem Brennen wieder auf genau die glei-

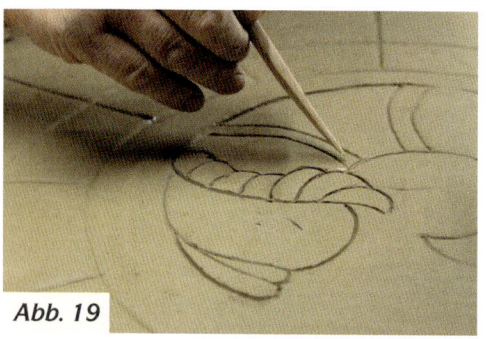

Abb. 19

Abb. 20

Abb. 21

Abb. 22

Abb. 23

Abb. 24

Abb. 25

Abb. 26

Abb. 27

Abb. 28

che Weise zusammensetzen kann, wie es zuvor angefertigt worden ist.

Nach dem ersten Brand, dem Schrühbrand (siehe dazu auch ab Seite 27), haben die Fliesen eine schöne rote Farbe bekommen (Abb. 29). Nach dem vollständigen Erkalten kann das Bild wieder zusammengesetzt werden.

Mit Hilfe einiger Farbproben (etwa in Form von glasierten kleinen Fliesen), die man nebeneinanderlegt und so optisch auf sich wirken lässt, fällt die Entscheidung, welche Glasurfarben das Bild erhalten soll, wesentlich leichter (Abb. 30).

HINWEIS | Farbunterschiede

Die fertig gebrannte Glasurfarbe unterscheidet sich in vielen Fällen farblich sehr stark von der noch ungebrannten und zuvor aufgetragenen flüssigen Roh-Glasur.

Nachdem drei schöne Glasurfarben für das Bild ausgewählt wurden, wird zunächst die runde Mittelfliese mit einer weißen Glasurfarbe eingesprüht (Abb. 31–33). Auf diesen weißen Untergrund sollen drei weitere Glasurfarben aufgetragen werden. Diese Glasurtechnik nennt man auch „Glasur in Glasur" (siehe hierzu auch auf Seite 35). Es wurden die Farben „Braun", „Türkis" und ein kräftiges „Blau" gewählt (Abb. 34).

Die einzelnen Felder werden mit den drei Glasuren sorgfältig bemalt (Abb. 35). Die Fläche, auf der die malende Hand abgestützt werden muss, wird jeweils zum Schutz mit einer dünnen Spanholzplatte oder alternativ mit einem Stück Pappe bedeckt, damit die bereits aufgetragene Glasur nicht verwischt wird (Abb. 35, 36). Hierbei wird mit äußerster Sorgfalt vorgegangen!

An Farbübergängen wird der Ton mit einer Nadel eingeritzt, damit hier die Glasuren beim

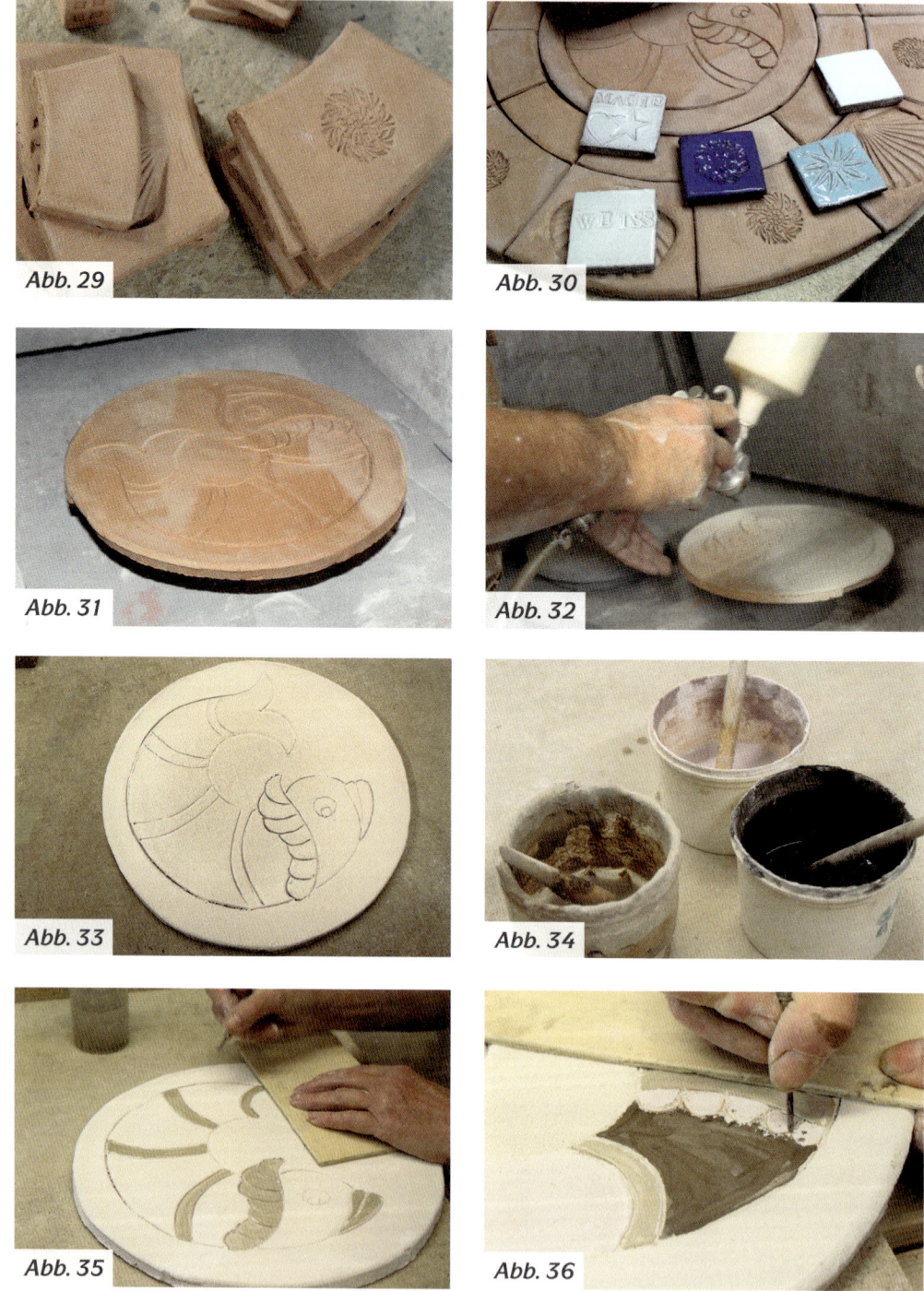

Abb. 29

Abb. 30

Abb. 31

Abb. 32

Abb. 33

Abb. 34

Abb. 35

Abb. 36

Abb. 37

Abb. 38

Brennen nicht ineinanderlaufen (Abb. 36). Der Fisch ist fertig glasiert und die runde Fliese damit bereit für den Glasurbrand (Abb. 37). Die gestempelten Fliesen des Außenrandes wurden abwechselnd in Weiß und Blau glasiert, die kleineren Fliesenstücke des Zwischenrings dagegen bleiben unglasiert, es entsteht ein erfrischend buntes Gesamtwerk (Abb. 38).

Schlichtes Fliesenbild mit dekorativer Glasur

Alternativ zum gestempelten Fliesenbild mit dem Motiv eines dekorativen Fisches in dessen Mitte können auch schlichte, gleichmäßig geformte Fliesen, durch eine besondere Glasur und Zusammenfügen zu einem Bild, einen schönen Effekt erzielen.

Schritt für Schritt

Aus einem Tonblock wird mit einem Schneidedraht eine dicke Scheibe Ton abgetrennt. Die Tonreste müssen zunächst mit einem Gummihammer bearbeitet werden (Abb. 1). Anschließend wird der Ton zu einer gut 1 cm dicken Platte ausgewalzt (Abb. 2), deren Oberfläche schließlich mit großer Sorgfalt glatt gestrichen wird (Abb. 3). Mit Hilfe von rechteckigen Ausstechern gelingt die Herstellung gleichmäßig großer Fliesen (Abb. 4, 5). Hierzu bewährt ha-

ben sich Ausstecher aus Metall, wie man sie aus der Gastronomie kennt.

Die Ränder der Tonfliesen werden vorsichtig geglättet (Abb. 6). Kleinere Fliesen nimmt man hierzu in die Hand, größere bleiben dazu besser auf der Arbeitsfläche liegen, da sie sich ansonsten zu schnell verformen könnten. Je nachdem, wie groß das fertige Fliesenbild später sein soll, werden dementsprechend viele Fliesenrohlinge hergestellt.

HINWEIS | **Schrumpfmaß beachten**

Wird eine bestimmte Größe des Bildes gewünscht, muss bei der Herstellung zunächst noch das Schrumpfmaß hinzugerechnet werden. Dieser Faktor, um den Ton während des Brennens schrumpft, variiert von Tonart zu Tonart und beträgt im Durchschnitt 7 % (siehe hierzu auch auf Seite 25).

Beliebige Motive können zu einem mehrteiligen Fliesenbild zusammengesetzt werden.

Abb. 1

Abb. 2

Abb. 3

Abb. 4

Abb. 5

Abb. 6

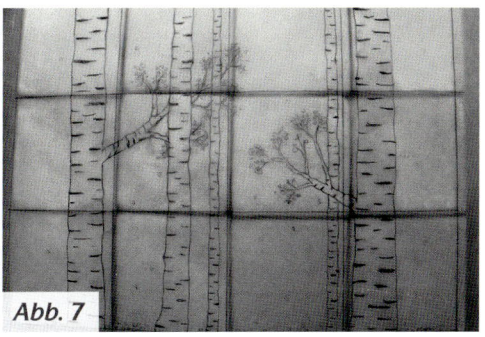

Abb. 7

Abb. 8

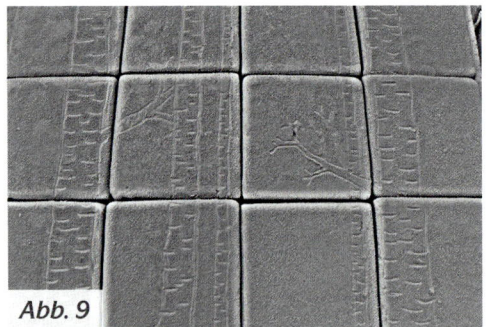

Abb. 9

Abb. 10

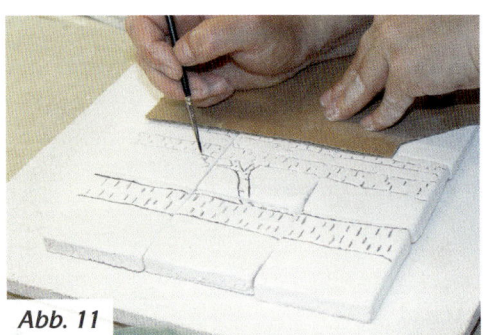

Abb. 11

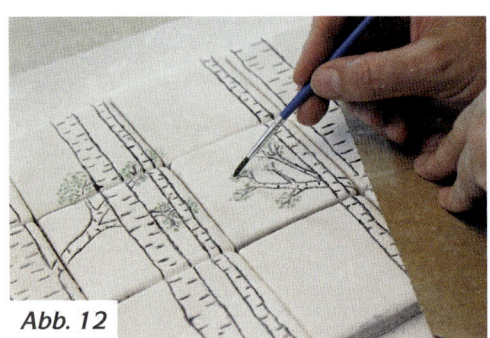

Abb. 12

Der Entwurf des gewünschten Motivs wird per Hand auf Transparentpapier gezeichnet (Abb. 7). Das bemalte Papier wird nun auf die mit weißer Glasur besprühten und eng aneinandergelegten Fliesen gelegt. Mit einem Kugelschreiber oder einem nicht allzu spitzen Bleistift wird das Motiv nun mit einem gewissen Druck nachgezeichnet, sodass sich das Motiv in der Glasur der darunterliegenden Fliesen abbildet (Abb. 8). Das komplette Motiv ist nun in der Glasur der zwölf zu einem rechteckigen Bild gelegten Fliesen sichtbar (Abb. 9).

Im nächsten Schritt werden die zart sichtbaren Linien auf den weiß glasierten Fliesen mit einem Bleistift nachgezeichnet (Abb. 10). Das ist vor allem für Anfänger wichtig und bringt eine gewisse Sicherheit beim anschließenden Glasieren. Die schwarze Glasur wird nun aufgetragen (Abb. 11). Die pulverisierte Glasurfarbe wird hierfür mit wenig Wasser angerührt und

vorsichtig mit einem dünnen Pinsel aufgemalt. Ein Stück Pappe wird wiederum sehr vorsichtig auf das Bild aufgelegt, damit die Hand beim Glasieren abgestützt und gleichzeitig das Bild vor dem Verwischen geschützt werden kann. Zum Abschluss werden mit einer hellgrünen Glasur Blätter aufgetupft (Abb. 12).

Schönes Wandfliesenbild

Schilder und Tafeln

Es gibt so viele Dinge, die wir gerne auf irgendeine Art und Weise näher beschreiben möchten, sei es, um eine Information an unsere Mitmenschen weiterzugeben, um eine Warnung auszusprechen oder einfach nur, um unsere Umwelt ein wenig zu verschönern. Ein informatives Schild aus Keramik kann sehr individuell gestaltet werden. Von einer schlichten Fliese mit einem eingeprägten Schriftzug bis zu aufwändigen Motiven, die auf eine Tonplatte modelliert wurden, ist alles möglich.

Informative Schilder und Tafeln, die in Schriftart, Glasur und Motiv variieren.

Dekorative Pflanzenstecker

Das machen die meisten Gärtner gerne: Die Namen ihrer Lieblingspflanzen auf Schilder schreiben und diese zu den Pflanzen ins Beet stecken. Wenn diese Pflanzenstecker dann noch selbst getöpfert sind, hat man eine ganz besondere Freude an ihnen.

Mit Hilfe eines zuvor per Hand modellierten Pflanzensteckers haben wir eine Gipsform erstellt. Wie das geht, wird ab Seite 39 ausführlich beschrieben. Gerade von Pflanzensteckern möchten wir meist gleich mehrere anfertigen,

Abb. 1

Abb. 2

Abb. 3

Abb. 4

Abb. 5

Abb. 6

Abb. 7

Abb. 8

um unsere schönsten Pflanzen mit ihnen zu bezeichnen. Hat man das modellierte Werk erst einmal in Gips gegossen, ist das Abformen kinderleicht und verspricht außerdem recht identische Ergebnisse. Feine Details werden anschließend manuell nachmodelliert.

Schritt für Schritt

Die Form aus Gips (Abb. 1) wird mit Ton ausgefüllt, dieser wird sehr gut in die Form eingedrückt und die Oberfläche geglättet (Abb. 2). Indem ein spitzes Messer leicht schräg in die Oberfläche aus Ton eingestochen wird, lässt sich der Ton aus der Form lösen (Abb. 3).

Am Rohling werden nun überstehende Kanten versäubert (Abb. 4), der Rohling anschließend per Hand geglättet. Mit einem spitzen Modellierholz werden vorhandene Strukturen ggf. noch etwas nachgearbeitet (Abb. 5, 6). Anschließend können Buchstaben eingeritzt oder auch gestempelt werden (Abb. 7, 8).

Am besten fertigt man gleich mehrere gleiche Stecker an, so muss keine Pflanze leer ausgehen.

Die Pflanzenstecker werden in der Gipsform abgedrückt, dann manuell fertig modelliert.

Mit Gießton und Formen arbeiten

Abformen mit Gießton in mehrteiligen Gipsformen

In zwei- oder mehrteiligen Gipsformen können durch das Eingießen von flüssigem Ton ansprechende Figuren sowie Teller, Tassen und vieles mehr angefertigt werden. Man benötigt entsprechende Formen sowie einen speziellen flüssigen Gießton.

Das Vorbereiten der Formen

Bevor die Hohlraumformen aus Gips mit dem flüssigen Gießton gefüllt werden können, müssen sie zunächst gut vorbereitet werden.

Schritt für Schritt

Die hier verwendeten Gießformen aus Gips können im Fachhandel bezogen werden. Dort werden sie in großer Vielfalt angeboten (Abb. 1). Ob Elefant, Frosch, Vogel (Abb. 2), Salamander (Abb. 3) oder Tassen und Teller (Abb. 4), für alle Formen gilt zunächst, dass sie beim Aufeinanderlegen gut schließen müssen, damit der hineingegebene flüssige Ton an der Nahtstelle nicht herauslaufen kann.

Hervorstehende Noppen auf der einen Seite der Form, die sich in einer Vertiefung auf der Gegenseite verankern lassen (Abb. 5), sorgen für den korrekten Sitz der Formhälften zueinander (Abb. 6). Es handelt sich hierbei um die sogenannten Formenschlösser.

Haften noch Tonreste an der Gipsform, die von einer vorherigen Nutzung der Form stammen, müssen diese zunächst gründlich entfernt

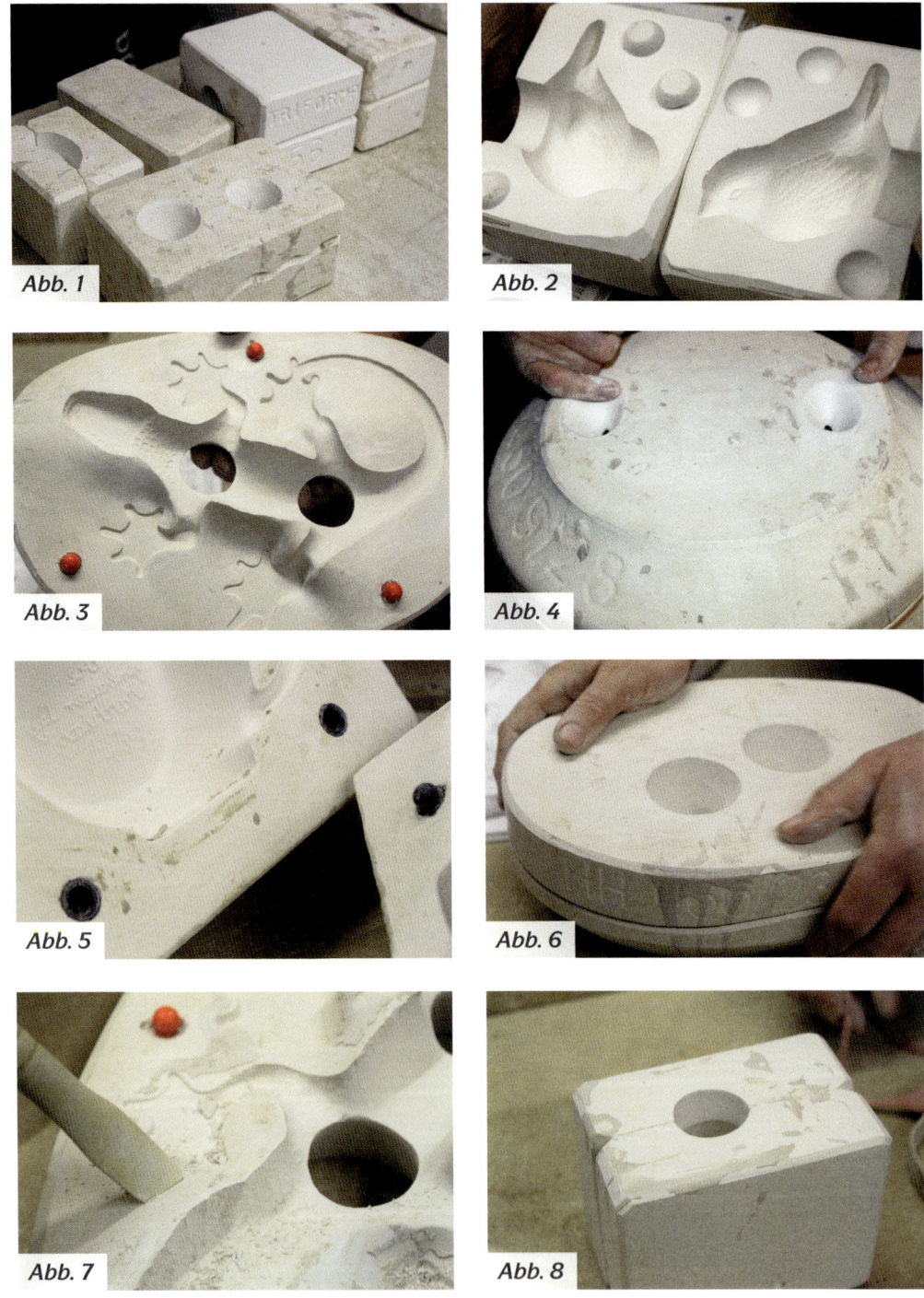

Abb. 1

Abb. 2

Abb. 3

Abb. 4

Abb. 5

Abb. 6

Abb. 7

Abb. 8

Abb. 9

Abb. 10

Gießton aufrühren und eingießen

Gießton gibt es sowohl in Pulverform als Sackware wie auch als fertige Zubereitung in Eimern. All denen, die nur einige wenige Abdrücke in kleinen bis mittelgroßen Formen herstellen möchten, sei der fertige Gießton zu empfehlen.

werden. Dies geht am schonendsten mit einem Pinsel oder einem feuchten Lappen. Auch ein weicher Gummischaber kann hierfür eingesetzt werden (Abb. 7), niemals jedoch harte Gegenstände aus Metall oder Holz, damit der weiche Gips nicht beschädigt wird.

Hochkant aufgestellte Formen, deren Nahtstelle senkrecht zum Untergrund verläuft (Abb. 8, 9), müssen im Gegensatz zu Formen, deren Naht waagerecht verläuft, mit einem festen Gummi zusammengehalten werden (Abb. 9). Hierzu kann ein spezieller Gummi aus dem Fachhandel für Künstlerbedarf verwendet werden oder alternativ auch ein breiter Einmachgummi. Der Gummi wird über die Form gestülpt und sollte stramm anliegen. So wird verhindert, dass die beiden Formhälften auseinandergedrückt werden, während der Ton in die Form gegossen wird. Alle Formen werden mit den Einfüllöffnungen nach oben aufgestellt (Abb. 10).

Schritt für Schritt

Ein Eimer mit fertigem Gießton wird geöffnet und mit einem Quirl oder Mixstab gründlich aufgerührt (Abb. 1). Es entsteht eine homogene Gießmasse, die nun zur Verarbeitung bereitsteht.

Ein Teil des Tons wird in einen Gießbecher mit Ausguss gefüllt. Anschließend wird der Ton gleichmäßig und möglichst ohne abzusetzen in die Einfüllöffnungen der geschlossenen Gipsformen eingefüllt (Abb. 2, 4, 6). Im Fachjargon nennt man diese Einfüllöffnungen auch **Schonungen**. Man sollte den Ton langsam und vor allem stetig eingießen, das verhindert Blasenbildung. Vor allem bei **Vollgussformen**, zu denen die meisten Tellerformen gehören, würde eine Luftblase das gesamte Werk zerstören. Langsames Eingießen ist daher enorm wichtig. Sind die Formen vollständig befüllt worden (Abb. 3, 5, 7, 8), müssen sie je nach Raumtemperatur zwischen ein und vier Stunden aushärten.

Abb. 1

Abb. 2

Abb. 3

Abb. 4

Abb. 5

Abb. 6

Abb. 7

Abb. 8

TIPP   Gussformen beschweren

Beim Einfüllen von Gießton in eine Vollguss-form hat es sich bewährt, die Form mit einem Gewicht zu beschweren. Alternativ kann man auch manuell etwas Druck auf die Form geben (Abb. 4). So wird ein Auseinanderdriften der Formhälften vermieden.

TIPP   Ton wiederverwenden

Aus einer Hohlform zurückgegossener Gießton kann problemlos wiederverwendet werden!

Bei sehr kleinen Figuren verzichtet man auf ein Abgießen des Tons. Man lässt den Gießton komplett in der Form fest werden.

Vollgussformen und Hohlformen

Generell unterscheidet man zwischen Vollgussformen und Hohlformen. In den **Vollgussfor-men** härtet der eingegossene Ton komplett aus. Meist handelt es sich hierbei um flache Keramiken, wie es Teller sind, oder um sehr kleine Figuren, die auch ohne einen Hohlraum problemlos gebrannt werden können. Aus **Hohlformen** dagegen wird überschüssiger Ton nach einer gewissen Härtezeit abgegossen. So entsteht ein Hohlraum im Inneren des Ton-rohlings. Die Werke aus Ton erhalten rundherum eine Wandstärke von etwa 4–10 mm!

Beim Eingießen von Ton in eine Vollgussform muss peinlich genau darauf geachtet wer-den, dass die Form auch vollständig ausgegossen wird! Man gießt den Ton so lange in eine der beiden Einfüllöffnungen, bis aus der zweiten Öffnung Ton emporsteigt. Erst wenn der flüssige Ton randvoll in beiden Schonungen steht, ist der Einfüllvorgang vorerst beendet (Abb. 3, 5, 7).

Nach einiger Zeit muss noch etwas Ton nachgefüllt werden. Man sollte die Form daher auch nach dem Befüllen weiter im Auge behalten. Das hängt damit zusammen, dass ein Teil des im Gießton enthaltenen Wassers vom Gips absorbiert wird, die Tonfüllung im Inneren der Gipsform also kontinuierlich abnimmt. Dementsprechend muss weiterer Ton hinzuge-fügt werden!

Wie entstehen die Wandungen im Inneren einer Gießform?

Weiter oben wurde schon davon gesprochen, dass nach einer gewissen Trocknungszeit überschüssiger Ton aus der Hohlform herausgegossen werden soll. Dies kann erst geschehen, wenn der Ton an den Innenwänden der Form schon zu einem Teil fest geworden ist. Man spricht hier von einer Wandung oder Wandstärke. Diese soll etwa 4–10 mm beim fertigen Tonwerk betragen.

Was genau geschieht im Inneren der Gipsform, damit die zunächst noch flüssige Tonmasse von außen nach innen fest werden kann?

Gips hat die Eigenschaft, aus seiner Umgebung Wasser aufzunehmen. Eine mit Gießton gefüllte Gipsform nimmt folglich ganz allmählich das im Ton vorhandene Wasser in sich auf. Die zunächst noch flüssige Tonmasse wird aufgrund des Feuchtigkeitsverlustes fest, und zwar beginnend entlang der Innenwände der Gipsform, also von außen nach innen.

Wann ist der richtige Zeitpunkt gekommen, um den Ton aus einer Hohlform abzugießen?

Der Zeitpunkt hängt zum einen von der Raumtemperatur ab, zum anderen von der Standzeit der befüllten Form. Es sollte eine bestimmte Wandstärke vorhanden sein, damit das Tonwerk eine ausreichende Stabilität besitzt. Um zu prüfen, wie stark die Wandung des Tonformlings bereits geworden ist, kann der Ton am Einfüllstutzen ganz vorsichtig mit einem Messer eingeschnitten werden. Hat die Wandung die gewünschte Stärke bereits erreicht, wird der restliche flüssige Ton aus der Form abgegossen (Abb. 1). Im Mittel geschieht dies nach rund zwei bis drei Stunden. Damit der gesamte Ton aus der Form laufen kann, lässt man die Form noch eine Zeit lang mit ihren Öffnungen nach unten, also auf dem Kopf, stehen. Ist die Form vollständig ausgelaufen, dreht man sie wieder herum und lässt sie nochmals für einige Stunden trocknen, bis der Tonformling eine ausreichend hohe Festigkeit bekommen hat, um ihn aus der Form entnehmen zu können. Ist die Wandung noch zu dünn, muss mit dem Abgießen der Tonmasse noch gewartet werden (Abb. 2).

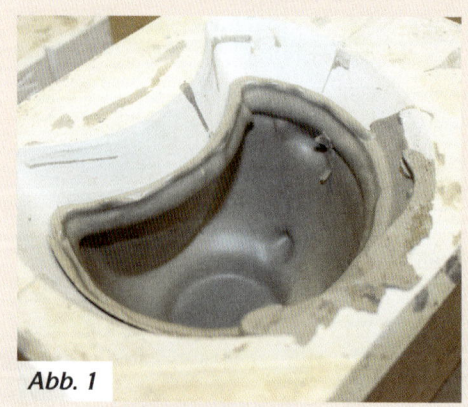

Abb. 1

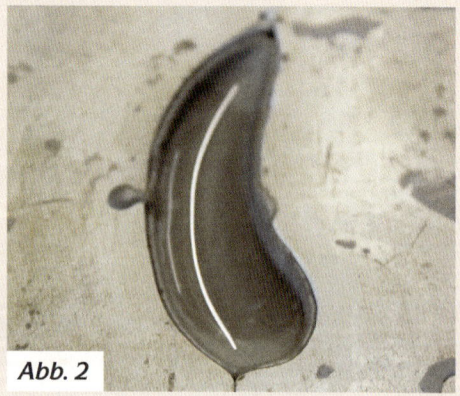

Abb. 2

Entnahme der Tonformlinge

Nach dem Erreichen einer ausreichend hohen Festigkeit, was, je nach Außentemperatur, meist in sechs bis 24 Stunden der Fall ist, können die Formlinge aus ihrer Gießform entnommen werden.

Schritt für Schritt

Um die beiden Hälften einer Hohlform auseinandernehmen zu können, schneidet man zunächst den in den Schonungen befindlichen Ton heraus (Abb. 1). Anschließend kann der obere Teil der Form abgenommen werden.

Die Formlinge stecken nun in der unteren Formhälfte fest. Sie müssen nun sehr vorsichtig herausgelöst werden (Abb. 2). Wollen sich die Tonformlinge noch nicht von der Gipsform lösen, lässt man sie noch für einige Zeit zum Trocknen stehen und versucht es dann nochmals.

Abb. 1

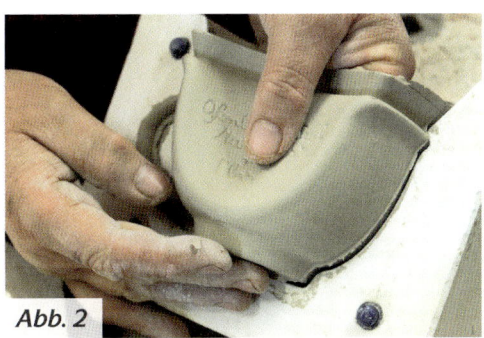

Abb. 2

Abb. 3

Abb. 4

Abb. 5

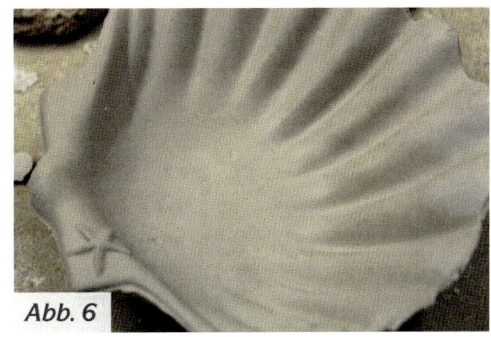

Abb. 6

Abb. 7

Abb. 8

Möchte man die noch weichen Tonrohlinge später weiterverarbeiten, bleiben sie in einer luftdicht verschlossenen Box aus Kunststoff noch viele Wochen lang weich und flexibel.

Die Tonmasse ist nun zwar einigermaßen fest, aber dennoch relativ weich und beweglich. Es ist daher ratsam, sehr vorsichtig mit den Formlingen umzugehen. Sobald der Tonformling aus der Form entnommen wurde, werden die verbliebenen Einfüllstutzen mit einem scharfen Messer abgetrennt (Abb. 3, 5).

Bevor wir den oberen Teil einer Vollgussform abheben können, wird zunächst der in den Schonungen befindliche Ton möglichst komplett herausgeschnitten (Abb. 7, 8).

> **TIPP** | **Tonreste einfach entfernen**
>
> Befinden sich Tonreste an den Gipsformen, können diese gleich nach der Entnahme der Formlinge besonders leicht mit einem weichen Pinsel oder einem feuchten Lappen wieder entfernt werden.

Formlinge verputzen und ausarbeiten

Damit aus den Formlingen schicke Keramiken werden, erhalten sie nun noch den „Feinschliff".

Schritt für Schritt

Der schlichte Teller wird nach dem Öffnen der Vollgussform sichtbar (Abb. 1). Er befindet sich noch im unteren Teil der Vollgussform und ist hier auch am besten vor Verformungen geschützt. Nach Belieben kann die Innenseite des Tellers nun verziert und dekoriert werden. Schriftzüge oder Ornamente können in den weichen Ton eingedrückt werden (Abb. 2, 3), die Flächen um die gestempelten Motive herum glättet man vorsichtig per Hand.

Man kann den Teller auch so schlicht lassen, wie er aus der Form kommt. In diesem Fall beginnt man sogleich mit dem Nacharbeiten von Kanten und Oberflächen. Dazu holt man den Teller zunächst aus der Form heraus, indem man ein Brett auflegt und ihn damit umdrehen kann, ohne dass der Rohling aus der Form herausfallen kann. Die untere Formhälfte, die nun obenauf liegt, wird vorsichtig abgehoben, sodass der Teller mit der Rückseite nach oben auf der Arbeitsfläche liegt (Abb. 4).

TIPP | Verformung verhindern

Sollte sich der Teller bei der Entnahme aus der Gipsform verformen, legt man ihn rasch zurück in die Form und lässt ihn noch etwas trocknen.

Mit den Fingern, einem Schwamm und anderen Werkzeugen werden die Ränder und alle Oberflächen des Tellers geglättet (Abb. 4) und, falls nötig, der Standring des Tellers repariert (Abb. 5, 6). Dabei kann mit einem Messer gearbeitet werden. Ggf. muss etwas Tonmasse hinzugefügt werden, um kleine Löcher oder andere Defekte auszugleichen.

Tonformlinge aus Hohlraumformen werden nach der Entnahme aus der Form ebenfalls

Abb. 1

Abb. 2

Abb. 3

Abb. 4

Abb. 5

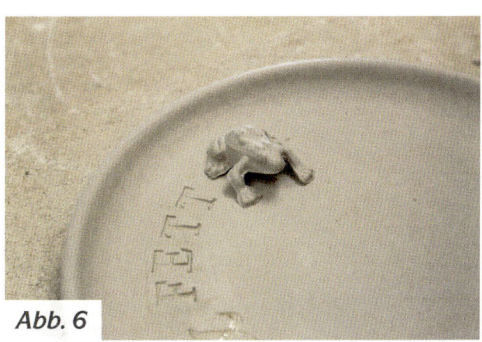
Abb. 6

Abb. 7

Abb. 8

nachgearbeitet, indem vorhandene Nähte mit einem Messer abgenommen und anschließend gut geglättet werden (Abb. 7).

Wurde aus einigen Formen zu wenig Tonmasse zurückgegossen, sodass der Hohlraum in den entnommenen Formlingen insgesamt zu gering ist, können diese von ihrer Unterseite her noch ein wenig ausgehöhlt werden. So gibt es beim Brennen der Figur später keine Probleme (Abb. 8).

HINWEIS | **Formen wiederverwenden**

In mehrteiligen Gipsformen können, bei guter Pflege, bis zu 150 Abdrücke angefertigt werden.

Die in mehrteiligen Gipsformen abgeformten Figuren können auch auf gedrehte oder frei gestaltete Tonwerke aufmodelliert werden (siehe hierzu auch ab Seite 159 „Tassen-Dekor").

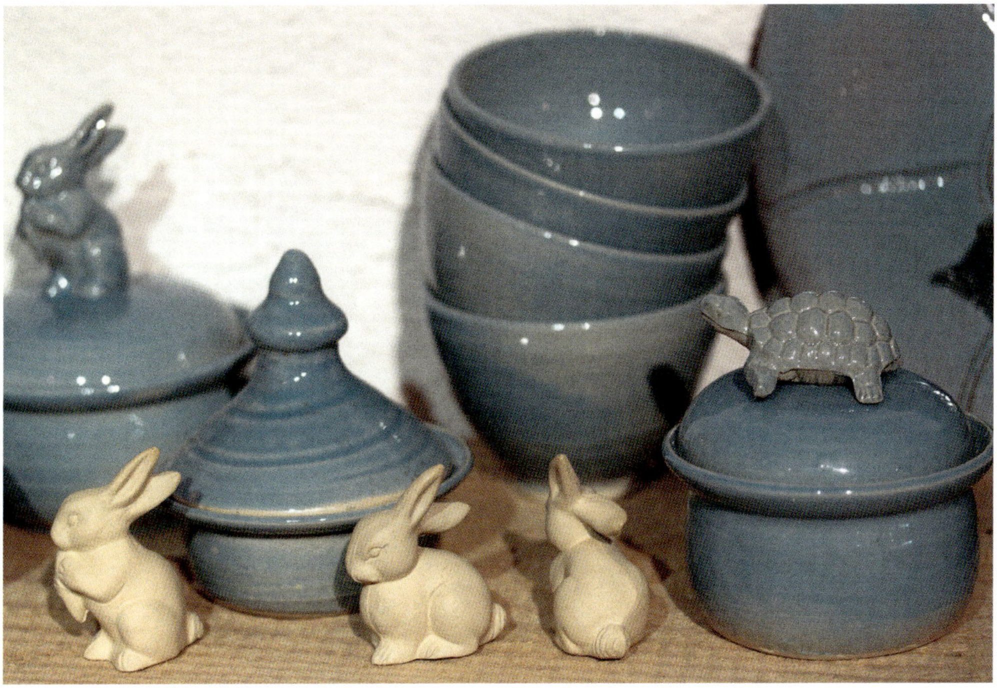

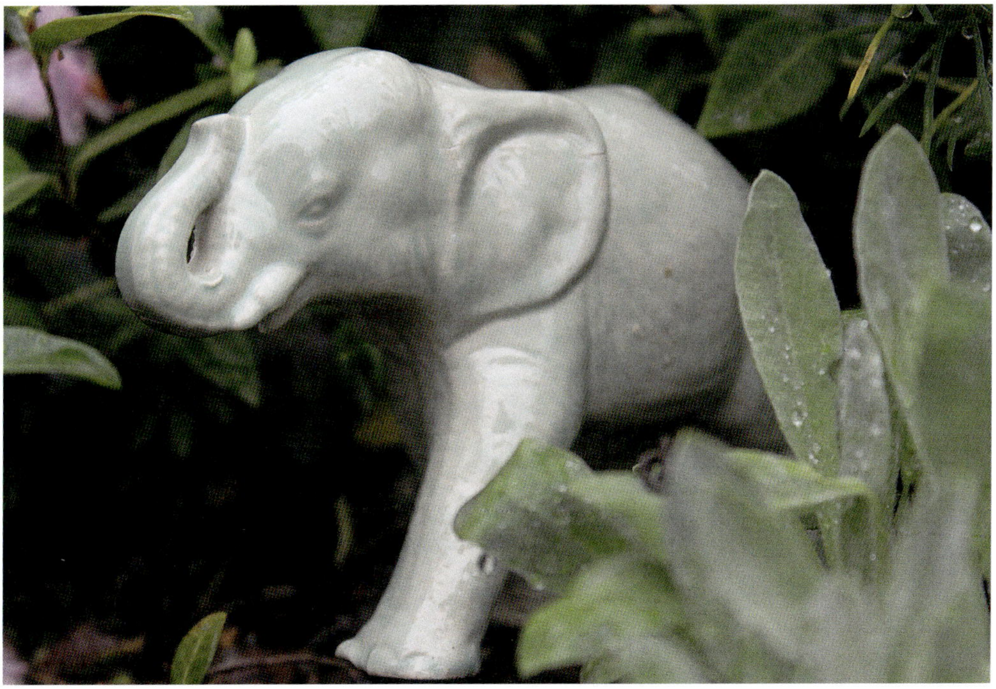

Drehen

Für die Herstellung von Keramik-Objekten an einer Töpferscheibe wird spezieller „Drehton" benötigt. Die meist unschamottierte oder fein schamottierte Keramik-Drehmasse zeichnet sich durch ihre guten Eigenschaften beim freien Drehen schöner Gebrauchskeramik aus. Hierzu zählen Schalen, Tassen, Krüge, Kannen und vieles mehr.

Beim Drehen an einer Töpferscheibe können sehr fantasievoll immer wieder neue Formen entstehen. Viele Töpferschüler äußern daher den Wunsch, das Drehen an einer Töpferscheibe zu erlernen. Bis diese Technik jedoch in Perfektion beherrscht wird, sind oft viele Übungsstunden notwendig.

Hat man erst den richtigen „Dreh" heraus, gelingt auch die Herstellung schöner Gebrauchskeramik.

Der Drehton steht bereit!

„Aus dem Tagebuch einer Töpferschülerin"

Töpferschülerin Sophie möchte zum ersten Mal an einer Töpferscheibe arbeiten. Sie hat bereits davon gehört, dass die Technik des Drehens besonders schwer zu erlernen sei. Sie kommt daher mit dem nötigen Respekt zu ihrer ersten „Dreh-Stunde" in die Töpferei.

Ein Blick in ihr „Töpfer-Tagebuch" verrät, wie sie ihre ersten Schritte zum Erlernen des Drehens an der Töpferscheibe gemeistert hat, welche Fehler ihr dabei unterlaufen sind und welche Fortschritte sie ganz allmählich machen konnte.

Aus Sophies Töpfer-Tagebuch – Tag 1:
Die Welt des Töpfers ist eine Scheibe

Wenn ich heute, bei meinem ersten Drehversuch an der Töpferscheibe etwas gelernt habe, dann dies: Die Welt ist eine Scheibe! Doch ist hiermit nicht einfach nur die sich drehende Töpferscheibe gemeint. Es geht um weit mehr! Bevor wir „im Kreis" denken – und handeln –, müssen wir zunächst einen besonders kriti-schen Blick auf unsere, meist unbewusste, Art der Wahrnehmung sowie damit verbunden auf unser Denken und Handeln werfen.

Zur Verdeutlichung, was ich damit meine, ein kleines Beispiel: Würden wir ein rundes Tongefäß manuell bearbeiten, welches ruhig auf unserer Arbeitsfläche steht, würden wir immer wieder streichende Bewegungen in verschiedenen Richtungen ausführen, um das komplette Werkstück rundherum nach unseren Wünschen gestalten zu können, um es vor allem auch zu formen und zu glätten. Oder anders ausgedrückt, wenn wir von „A" nach „B" kommen wollen, müssen wir uns normalerweise auf einer Linie bewegen. Auch unsere Hände arbeiten also vorwiegend linear an einem Werkstück, welches vor uns auf dem Arbeitstisch steht und sich nicht von der Stelle bewegt.

Beim Bearbeiten von Ton, der sich vor uns – schön zentriert – auf einer Scheibe dreht, wirkt der Töpfer in erster Linie punktuell auf das zu bearbeitende Werkstück ein, solange er es in der Horizontalen bearbeiten möchte.

Unschamottierter Drehton in Blöcken zu je 10 kg

Keramikgeschirr, immer wieder schön anzusehen …

Seitlich ausscherende Bewegungen in Dreh- oder gar gegen die Drehrichtung sind verboten! Durch den vom Töpfer ausgeübten Druck weicht der Ton sowohl nach oben aus wie auch nach innen oder außen. Wir können dem Ton damit eine ganz bestimmte Form geben.

Ich musste feststellen, dass ich mich während der Arbeit an einer Töpferscheibe vorübergehend von meiner gewohnten Denkweise zum Teil verabschieden musste. Und das war auch die für mich am meisten beeindruckende Lektion, die ich heute, bei meinem allerersten Drehversuch, gelernt habe: **Keine seitlichen Bewegungen von Händen oder Fingern, da dies die Drehscheibe durch ihre kreisende Fortbewegungsart für mich erledigt.**

Geben wir mit Hilfe unserer Hand oder unseren Fingern an einem einzigen Punkt Druck auf den im Zentrum kreisenden Ton, reagiert die Tonmasse mit einer ganz gleichmäßigen linearen Formveränderung rundherum auf einer horizontalen Ebene des Werkstückes. Als Voraussetzung hierfür muss sich der zu bearbeitende Drehton jedoch exakt in der Mitte des Scheibenkopfes befinden.

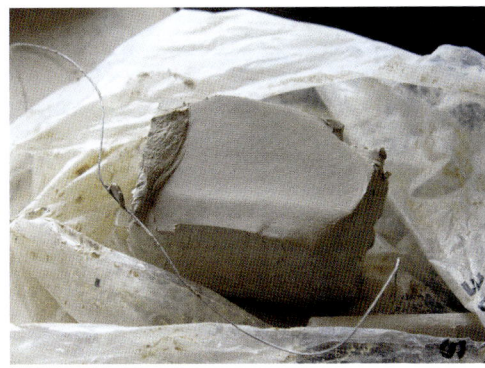

Ein Stück Drehton wird vom Block geschnitten.

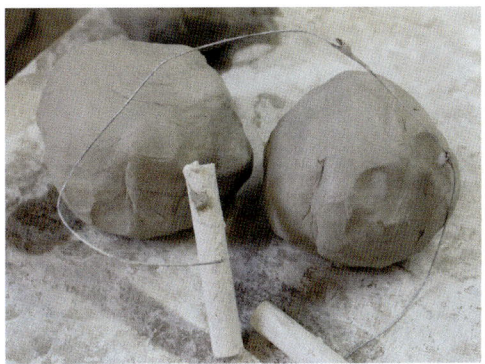

Kugeln aus Ton sind zum Drehen vorbereitet.

Wie kommt der Ton ins Zentrum der Drehscheibe?

Ich habe sehr schnell verstanden, dass ich nur vernünftige Ergebnisse beim Drehen erreichen kann, wenn sich der zu bearbeitende Drehton während des Drehvorgangs exakt im Zentrum der Drehscheibe befindet. Man spricht hier auch vom Zentrieren des Tons.

Mein Töpferlehrer Dieter zeigte mir gleich mehrmals, wie er es machte und es erschien mir kinderleicht, wie überhaupt der gesamte Drehvorgang so einfach ausschaut, wenn man einem Könner dabei zusieht. Schnell wurde mir allerdings klar, dass man das Drehen niemals vom Zusehen allein lernen würde und so war

ich nun an der Reihe, es zum allerersten Mal zu probieren.

Ich schnitt ein etwa 300 g schweres Stück von einem größeren Block eines speziellen Drehtons ab, formte daraus eine Kugel und warf diese „mit Schmackes" ins Zentrum des Scheibenkopfes, so nennt man die Oberfläche der Töpferscheibe.

Natürlich wird man niemals exakt diesen Mittelpunkt treffen, doch hat der kraftvolle Wurf des Tons auf den Scheibenkopf auch zur Folge, dass der Ton eine feste Verbindung zur Töpferscheibe erhält, was beim späteren Bearbeiten für einen guten und sicheren Stand des Töpferwerkes sorgt. Die Scheibe sollte zu diesem

Zeitpunkt zwar feucht, aber nicht nass sein, damit der Ton fest auf dem Untergrund haftet!

„Die Mitte finden"
Bis zu diesem Moment waren meine Hände noch trocken, doch nun wurde es Zeit, sie zu befeuchten, wie auch der Scheibenkopf der Töpferscheibe nun mit Wasser benetzt werden sollte. Dazu stand eine Schüssel mit Wasser griffbereit.

Indem ich meine Hände fest um den Ton herumlegte, durfte ich versuchen, ihn ein wenig in die Mitte der Scheibe zu rücken, ohne dass er sich dabei vom Untergrund ablöste, also mit einem gewissen Druck und somit nur sehr langsam und millimeterweise. Bisher stand die Töpferscheibe noch still, doch nun sollte ich

das Gaspedal treten, denn es ging nun darum, für mein zukünftiges Töpferwerk die Mitte auf der Töpferscheibe zu finden. Oder musste gar ich selbst meine Mitte finden, um damit eine Grundvoraussetzung für ein erfolgreiches Drehen zu schaffen?

Während des Zentrierens sollte sich die Töpferscheibe relativ schnell drehen. Ich hatte meine Hände seitlich um die Tonmasse herumgelegt und spürte nun deutlich, dass die Scheibe um den Ton herum nicht rund lief. Es bestand eine sogenannte „Unwucht". Ich schaute fragend zu Dieter, der mit einem beherzten Griff meine Hände samt Ton in die Mitte der Scheibe beförderte. Nun lief also alles rund und die Ausformung des massiven Tonblocks konnte beginnen.

Der Ton soll in die Mitte der Scheibe.

Die Scheibe wird gut befeuchtet.

Man drückt den Tonblock vorsichtig in die Mitte.

Das Zentrieren fällt Dreh-Anfängern meist besonders schwer.

Aus Sophies Töpfer-Tagebuch – Tag 2:

Mit vollem Einsatz ...

Nachdem ich in meiner ersten Drehstunde tatsächlich schon eine kleine Schale mit Dieters Hilfe zustande gebracht hatte, wollte ich es heute, bei meinem zweiten Versuch, unbedingt ganz alleine schaffen!

Dieter zeigte mir eingangs noch einmal eindrucksvoll, wie er eine große flache Schale dreht. Dafür verwendet er einen speziellen Aufsatz für die Drehscheibe: Eine Holzplatte in der Größe des Drehtellers wird mit zwei Schrauben auf dem Scheibenkopf befestigt. Das hat den Vorteil, dass man die fertig gedrehte Schale nicht von ihrem Untergrund ablösen muss. Stattdessen wird nach dem Beenden des Drehvorgangs der gesamte Aufsatz samt Schale abgeschraubt und die Schale kann in

Ruhe aushärten. Nach einem Tag ist sie schon wesentlich beständiger und kann nun auch problemlos von ihrem Untersatz abgelöst werden.

Hier dreht der Fachmann eine große flache Schale

Ich schaute mir vor allem auch noch einmal an, wie Dieter dem Ton nach dem sogenannten „Aufbrechen" die gewünschte Form gibt. Doch würde ich heute überhaupt so weit kommen? Nicht auszumalen, wenn ich schon beim Zentrieren scheitern würde. Warum nur sah es bei Dieter immer so einfach aus?

Aller Anfang ist schwer ...

Irgendwann einmal hat jeder gute Scheibendreher angefangen. Mit diesen Gedanken versuchte ich mich ein wenig aufzubauen. Also

Überschüssige Flüssigkeit wird abgesaugt.

Ein schöner Rand wird geformt.

Eine Spirale als Verzierung für den Boden

Schale und Aufsatz werden abgenommen.

Schlicht und doch besonders: Teegeschirr aus der Töpferwerkstatt

fragte ich Dieter, ob er sich noch an die Zeit erinnerte, als er damals mit dem Drehen begonnen hatte. „Ja, das war im Jahre 1977, in Köln, in unserer ersten Werkstatt. Ich hatte mir selbst eine Töpferscheibe gebaut und den unbedingten Willen, das Drehen zu erlernen. Zunächst war ich ganz alleine. Es gab niemanden, der mir Tipps gab. Ich drehte und drehte, aber es wollte nicht recht funktionieren. Schließlich gab ich der Scheibe die Schuld an meinem Scheitern. Hätte ich nur eine bessere Drehscheibe, so würde es mit Sicherheit klappen ..., so dachte ich. Als dann eines Tages ein gelernter Scheibendreher zu uns in die Töpferei kam und ich diesem meine Drehscheibe zeigte, gab es für mich zunächst eine gehörige Ernüchterung! Der erfahrene Scheibendreher setzte sich an meine Töpferscheibe und war ganz begeistert davon: ‚Ist die aber gut!' Also doch nicht die Scheibe ... Wie gut, dass ich in der Folge viele gute Tipps von einem Fachmann

bekam und fortan große Fortschritte beim Erlernen der Drehtechnik machte."

Es war einerseits tröstlich zu hören, dass auch „alte Hasen" einmal angefangen haben und nicht gleich auf Anhieb Meister waren. Andererseits musste ich mich von dem Ziel, in ein paar Tagen das Drehen zu erlernen, wohl erst einmal verabschieden.

Zwischen Motivation und Desillusion

Es war sicher auch für einen Töpferlehrer nicht einfach, seine Schüler an der Drehscheibe einerseits zu motivieren, andererseits die Notwendigkeit des beständigen Übens zu betonen. Bleibt am Ende die Begeisterung auf der Strecke, wenn man immer wieder zu hören bekommt, dass es mit viel Zeit und Mühe verbunden ist, das Drehen zu erlernen? Andererseits möchte der Lehrer bei seinen Drehschülern auch keine falschen Hoffnungen wecken. Dann wäre die Enttäuschung sicher groß, wenn es nach Tagen oder gar Wochen immer noch zu Misserfolgen an der Töpferscheibe kommt.

Ich entschied mich heute dazu, so zu tun, als könnte ich wenigstens das Zentrieren an einem einzigen Tag erlernen, hoffte, dass ich das absolute Ausnahme-Drehtalent besäße und formte zu Beginn meiner Übungsstunde drei unterschiedlich große Tonkugeln. Da der Ton nicht mit nassen Händen zu einer Kugel geformt werden sollte, ist es sinnvoll, sich schon vor dem Drehbeginn einen Vorrat an Tonkugeln bereitzulegen.

Anfangs sollte die zu bearbeitende Tonmenge weder zu groß noch zu klein sein. Die Hände sollten gut darum herumgelegt werden können. Das erleichtert das Zentrieren des Tons im Mittelpunkt des Scheibenkopfes.

Ich warf meinen ersten Tonklumpen also schwungvoll in die Mitte des Drehtellers, befeuchtete meine Hände und schob den Ton, so gut es ging, in das Zentrum des Scheibenkopfes. Dann setzte ich die Drehscheibe in Bewegung.

Das Zentrieren des Tons sollte ja bei einer relativ hohen Drehzahl erfolgen. Dieter verließ währenddessen den Raum, damit ich mich in Ruhe mit dem Ton, der Scheibe und deren Zentrum beschäftigen könnte.

Der Ton, die Scheibe und ich ...

Die Scheibe drehte sich nun also beständig, während ich meine Hände um den Drehton gelegt hatte. Und doch wollte ihre Unwucht und das damit verbundene „Schlingern" des Tonblocks nicht so recht aufhören! Man sollte mit einer Hand Druck auf den Ton geben, und zwar zur Mitte der Scheibe sowie gleichzeitig auch nach unten, also zur Oberfläche des Drehtellers hin. Die andere Hand hält von der anderen Seite nur locker dagegen bzw. sollte der Ton „dort hineinlaufen", was auch immer damit gemeint war.

Irgendwann schien die Unwucht, mit welcher mein Tonklumpen sich auf dem Scheibenkopf bewegte, tatsächlich etwas weniger zu werden und ich begann sogleich mit dem Aufbrechen des Tons und dem Ausformen einer kleinen Schale. Eine innere Stimme sagte mir zwar, dass dies Unsinn war, warum ich es dennoch probierte, kann ich inzwischen gar nicht mehr sagen. Ist der Ton nämlich einmal aufgebrochen und läuft er dann nicht rund auf dem Scheibenkopf, ist das Drehen absolut nicht mehr sinnvoll.

Ich brachte dennoch eine Schale oder eine Art Vase zustande, indem ich von der Innenseite her Druck auf den Ton gab, meine Finger auf

Töpferschülerin Sophie mit einem Fehlversuch an der Töpferscheibe

der Innenseite vom Boden der Schale langsam entlang einer vertikalen Linie nach oben bewegte. Die andere Hand ruhte währenddessen außen am Ton. Sie diente zur Stabilisierung und verhinderte, dass der Ton zu sehr nach außen ausscheren konnte. So weit, so gut, es schien zu funktionieren. Ich formte und formte … Doch dann geschah es: Meine Vase bewegte sich mit einem Mal recht schlangenlinienförmig in meinen Händen. Bestürzt stoppte ich die Scheibe und das ganze Ausmaß der Deformierung baute sich vor meinen Augen auf.

Rasch kratzte ich diesen Fehlversuch mit einem bereitliegenden Spachtel vom Scheibenkopf und entsorgte ihn unauffällig in einem bereitstehenden Eimer. Was war geschehen? Ganz genau wusste ich es nicht, vermutete aber, dass sich der Ton die ganze Zeit nicht richtig im Zentrum der Scheibe befunden hatte. Je mehr mein Werkstück schließlich durch die Bearbeitung in die Höhe gewachsen war, desto mehr kam die „Schieflage" zum Tragen.

Ich atmete zweimal tief durch, sammelte mich und ergriff Tonkugel Nr. 2. Diesmal sollte alles ganz anders werden!

Die Fehler des ersten Versuchs würde ich nicht wiederholen (es gab schließlich mit Sicherheit noch weitere Fehler …). Ich nahm mir vor, mich dieses Mal so richtig in den Ton hineinzuversetzen und nicht eher mit dem Ausformen des Tonwerkes zu beginnen, bis sich der Ton auf dem Scheibenkopf der Drehscheibe absolut ruhig und zentriert unter meinen Händen im Kreis bewegte.

Zentrieren um jeden Preis!

Die Scheibe bzw. der Ton in ihrer Mitte wollte einfach nicht rund laufen. Ich drückte von allen Seiten gegen den Tonklumpen in der vermuteten Scheibenmitte. Töpferlehrer Dieter erschien, um nach dem Rechten zu sehen und ich klagte ihm mein Leid mit der nicht zur

Ruhe kommenden Scheibe. „Es reicht aus, an einer Stelle Druck auf den Ton zu geben. Der Ton kommt immer wieder an dieser einen Stelle vorbei." **Es dauerte eine Weile, bis diese Aussage von mir so richtig verstanden wurde.** Ich wusste bereits, dass ich mich mit räumlichem Denken manchmal etwas schwertat, aber die Sache mit der Scheibe und dem Ton in ihrer Mitte erschien mir auf einmal wie eine eigene Wissenschaft und äußerst kompliziert.

Ruhte die Scheibe, konnte man den Ton also in die Mitte schieben, und zwar von einer ganz bestimmten Stelle aus und in eine ganz bestimmte Richtung, je nachdem, ob er zu weit rechts, links, oben oder unten von der Mitte platziert war. Sobald man die Scheibe in Bewegung setzte, galt diese Regel nicht mehr! Nun sollte man von einem einzigen Punkt aus mit Druck auf den Ton einwirken, bis er zentriert war, und es wäre ganz egal, von welcher Seite aus man dies tat! Es gab kein rechts oder links mehr, sondern nur noch ein Zentrum auf dem Scheibenkopf. **Alles drehte sich um diesen einen Mittelpunkt.**

Nachdem mir dies ganz langsam klar wurde, wollte ich es nun aber wirklich wissen. Ich drückte mit einer Hand und aller Kraft auf den Ton in Richtung Boden und Mitte des Scheibenkopfes, die andere Hand hielt von der anderen Seite locker dagegen. Ich wendete schon richtig viel Kraft auf und siehe da, die Scheibe schien sich ein wenig zu beruhigen. Es erschien mir beinahe wie ein kleines Wunder und mit Sicherheit konnte dies noch nicht als perfekte Technik zum Zentrieren des Tons bezeichnet werden, aber wen interessierte das in diesem Augenblick? Rasch brach ich den Ton auf und begann mit dem Formen einer Schale.

Dieter hatte gemeint, die speziellen Techniken zum Ausformen des Drehtons würde er mir später noch erklären. Am Anfang könnten die Informationen sonst schnell zu viel werden und es reichte aus, wenn ich zunächst einfach nur das Zentrieren übte und danach etwas eher Zufälliges formte. Das schien mir auch das Beste zu sein und ich brannte förmlich darauf, mein erstes Werkstück ohne fremde Hilfe auf der Drehscheibe herzustellen.

Übungsstücke ...

Dass mir das Drehen Freude bereitete, stand inzwischen außer Frage, ob ich jedoch auch Geschick dazu besaß, müsste ich noch herausfinden.

Es handelte sich heute auch erst um meine zweite Drehstunde und es berauschte mich fast ein wenig, zu sehen, wie sich der Ton unter meinen Händen zu einer kleinen Schale formen ließ. Die große flache Schale von Dieter war so wunderschön ... Sicher ließ sich der Ton durch entsprechenden Druck von der Innenseite her noch weiter nach außen formieren ... Autsch!!

Ein Riss in der Schalenwand schlug mir den Ton so plötzlich um die Finger, dass mir förmlich der Atem stockte.

Bestürzt hielt ich den Drehteller an. Oh, wie ärgerte ich mich! Da hatte ich es endlich einmal geschafft, dass die Drehscheibe mit dem Ton in ihrer Mitte halbwegs rund lief und nun unterlief mir dieses Missgeschick. Ich hatte

Die zweite Drehstunde: Das war wieder nichts!

es mit dem Druck wohl übertrieben und so war die Schalenwand an einer Stelle so dünn geworden, dass sie eingerissen war. Und wie das beim Arbeiten an einer kreisenden Scheibe nun einmal ist, vergrößerte sich dieser Riss in Sekundenschnelle, sodass ich gleich darauf den kompletten oberen Teil der „Schale" in der Hand hielt.

Was hatte Dieter mir zuvor gesagt? Ich sollte getrost die Fehlversuche in den Eimer werfen. Ich schaffte es immerhin noch, aus den Resten, die noch auf dem Scheibenkopf klebten, eine Art Untersetzer zu gestalten. Was soll man machen, wenn man von Haus aus zur Sparsamkeit erzogen wurde?

Aus Sophies Töpfer-Tagebuch – Tag 3:

Als ich heute zu meiner dritten Drehstunde in der Töpferei erschien, war mir schon klar, dass sich etwas gravierend verändern müsste, wollte ich nicht schon wieder eine ganze Serie an Fehlversuchen produzieren.

Und tatsächlich schlug mir Dieter vor, dass wir uns bei einer Tasse Tee zunächst ein Video anschauen sollten. Wie Dieter drehte, wusste ich ja bereits und es konnte daher nicht schaden, einer weiteren kundigen Person dabei zuzusehen.

Es ging zunächst um das Zentrieren des Tons in der Mitte der Drehscheibe und ich schaute mir den Vorgang sehr genau an. Aha, der Ton wurde zunächst zwei- bis dreimal in die Höhe gedrückt, sodass eine Art Kegel oder Zylinder entstand. Dieser Vorgang sollte einerseits beim Zentrieren hilfreich sein, andererseits wurde auf diese Weise auch etwaige Luft aus der Tonmasse entfernt.

Ich wollte es gleich ausprobieren und formte wieder drei Tonkugeln und begann sogleich mit dem ersten Versuch.

Nach dem Aufwerfen des Tons und dem Befeuchten der Hände drückte ich mit dem

Handballen der rechten Hand gegen den Ton, die andere Hand lag stützend auf der anderen Seite ebenfalls am Ton. Aha, nun ergab auch das „Hineinlaufen" einen Sinn, wenn nur eine Hand Druck auf den Ton ausübte und dieser dann von der anderen Hand quasi aufgenommen und gelenkt würde. Sobald der Ton sich in die Höhe bewegt, muss die zweite Hand in jedem Fall hinzukommen, wenigstens bei mir war dies nötig. Ein Profi könnte wohl sogar mit einer einzigen Hand zentrieren, wurde mir erklärt. Ein Profi war ich allerdings nicht und so versuchte ich beständig, beide Hände am Ton zu halten.

Den Mittelpunkt erspüren

In der Tat lief die Scheibe bei jedem Auf und Ab der Tonmasse ein Stück ruhiger. Ich hätte es gerne noch viel öfter gemacht, also den Ton durch Druck in die Höhe wachsen zu lassen und mit dem Druck meiner Daumen sowie der Handballen wieder nach unten zum Scheibenkopf zu drücken. Ich wollte dieses Gefühl, im Zentrum der Scheibe zu arbeiten, deutlich wahrnehmen und mit allen Sinnen erspüren. Doch leider war dies nicht möglich, da man niemals zu lange an einem einzigen Werk arbeiten sollte. Die

Tonmasse würde bald weicher werden, da sie während des Drehvorgangs beständig Wasser aufnimmt. In der Folge könnte man daraus nichts mehr formen und das ist ja der eigentliche Sinn des Drehens auf der Töpferscheibe. Also müsste ich nach wenigen Zentrierversuchen mit dem Ausformen des Tons beginnen und es folgte, man ahnt es schon, ein weiterer Fehlversuch, der im Abfall der Töpferei landete.

Nein, heute war kein guter Drehtag für mich. Wenn ich auch dem Zentrum der Drehscheibe ein gutes Stück näher gekommen bin, so reichte es leider noch nicht, um ein akzeptables Werkstück zu gestalten.

Inzwischen habe ich verstanden, dass es wohl den meisten Drehschülern so ergeht wie mir und sie sich meist in kleinen Schritten vorwärtsbewegen. So gesehen, kann ich auch ein wenig stolz sein, dass es überhaupt vorangeht und ich darf mich also getrost auf meine vierte Drehstunde freuen, in der Hoffnung, dass ich es dann schaffe, eine wunderschöne Schale oder gar einen Korpus für eine Tasse zu erstellen. Genau dies war auch das Thema eines Töpferkurses, an dem ich ebenfalls teilnehmen durfte.

Fortsetzung des Töpfer-Tagebuchs auf Seite 162

„Alle Tassen im Schrank"

Zur Abwechslung geht es nun zunächst weiter mit der fachmännischen Anleitung zur Herstellung von Tassen in verschiedenen Variationen. Bevor es ans Verzieren und Ausgestalten der Tassen gehen kann, muss deren Korpus zunächst auf der Töpferscheibe gedreht werden. Die Tassenform kann hierbei nach Wunsch auch variieren. „Eine detaillierte Drehanleitung" findet sich ab Seite 173.

TIPP | **Ton abwiegen**

Möchte man Tassen im Set von zwei, vier, sechs oder noch größerer Stückzahl herstellen, sollte man die Tonmenge für jede Tasse zuvor abwiegen. Dies gewährleistet, dass Tassen in gleicher Größe entstehen. Für eine mittelgroße Tasse werden etwa 280 g Ton benötigt.

HINWEIS | **Schrumpfung beachten**

Die Tassen sollten immer etwas größer gedreht werden, da sie während des Brennvorgangs noch um durchschnittlich 7 % schrumpfen!

Abdrehen

Wenn der Tassenkorpus nach beendetem Drehvorgang vom Scheibenkopf der Drehscheibe abgenommen wird, besitzt er eine glatte Unterseite (Abb. 1). Mit dieser Art von Boden würde die Tasse jedoch nicht völlig eben und sicher stehen, auch sieht dieser unbearbeitete Tassenboden im Vergleich zu einem fertig abgedrehten Boden nicht besonders schön aus (Abb. 2). Indem die Tasse „abgedreht" wird, entsteht ein schöner Standring.

Jeder liebt sie, die „Froschtassen" aus der Keramikwerkstatt.

Abb. 1

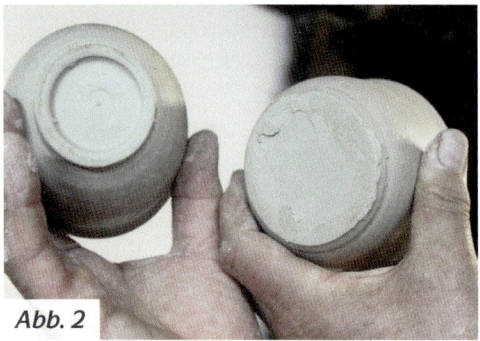

Abb. 2

Auswahl an Werkzeugen für das Arbeiten an der Töpferscheibe. Für das Abdrehen werden hauptsächlich Modellierschlingen benötigt.

Schritt für Schritt

Nach einer Trocknungszeit von etwa einem Tag wird die Tasse zum Abdrehen kopfüber und ganz genau mittig auf dem Drehteller platziert. Der obere Tassenrand wurde zuvor leicht angefeuchtet, damit sie einen besseren Stand auf dem Scheibenkopf erhält. Man kann sich beim mittigen Platzieren der Tasse an den auf dem Scheibenkopf sichtbaren Markierungslinien orientieren. Die Drehscheibe wird nun auf langsamer Stufe in Gang gesetzt. Mit leichtem Druck eines Fingers wird die Tasse in der Mitte der Scheibe fixiert.

Mit einer Modellierschlinge wird der untere Bereich der Tasse nun geformt, indem Ton rundum in feinen Schichten abgeschält wird (Abb. 3–6). Dabei wird die Form der Tasse perfektioniert, sowie auch ein Standring ausgearbeitet (Abb. 7, 8). Die Tassen sind nun bereit, um ihre Henkel zu bekommen.

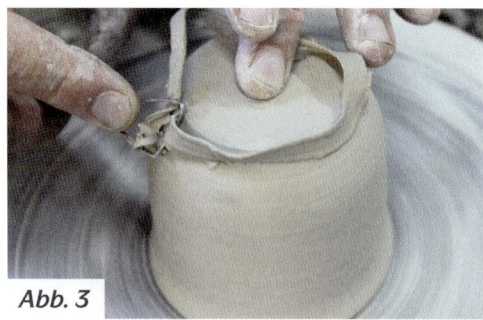

Abb. 3

Abb. 4

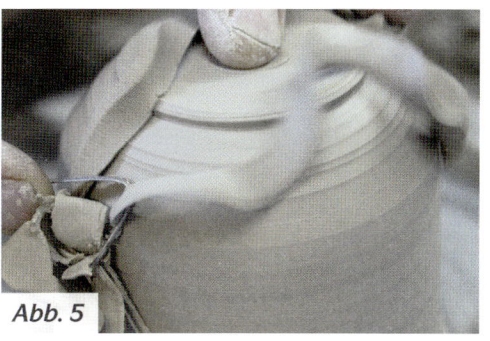

Abb. 5

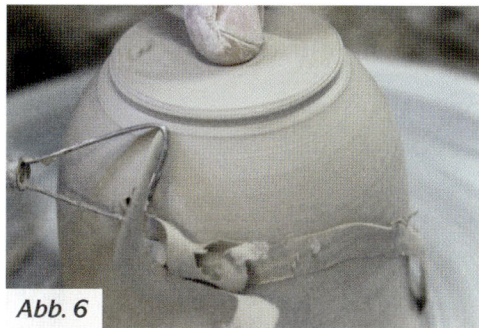

Abb. 6

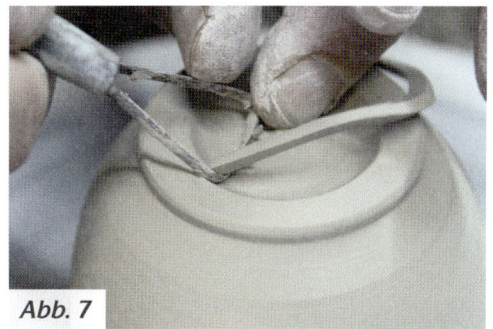

Abb. 7

Abb. 8

Henkel-Varianten

Es existieren verschiedene Möglichkeiten, Henkel für Tassen, Kannen oder Krüge herzustellen. Die **einfachste Methode** funktioniert mit Hilfe zweier flacher Holzleisten, die im Abstand der gewünschten Henkelbreite auf die Arbeitsfläche gelegt werden. In die entstandene Lücke wird nun Ton eingefüllt (Abb. 1) und mit einem Messer glatt gestrichen (Abb. 2). Man erhält einen einfachen Henkel (Abb. 3).

Methode zwei zur Herstellung von Henkeln funktioniert mit Hilfe eines Schlüssels (Abb. 4). Dieser Schlüssel sollte einen offenen Griff besitzen. Um mit seiner Hilfe Tassenhenkel herzustellen, fasst man ihn am Schaft und zieht seinen Griff von oben nach unten durch ein größeres Stück Ton (Abb. 5, 6). Je nachdem, welche Form die Öffnung des Griffes besitzt, entstehen Henkel in ganz unterschiedlicher Form und Struktur (Abb. 7).

Es gibt Töpfer, die immer wieder einen ganz bestimmten Schlüssel zur Herstellung von Henkeln benutzen und ihren Tassen, Kannen oder Krügen dadurch ein ganz spezielles Aussehen verleihen.

Weiterhin können Henkel natürlich auch mit Buchstaben oder ganz nach Wunsch gestempelt und verziert werden.

Als **dritte Methode** sei das „Henkel-Ziehen" genannt. Ein längliches Stück Ton wird locker in einer Hand gehalten, während die andere Hand den Ton mit leichtem Druck und einer schwach ziehenden Bewegung nach unten und dabei in die Länge zieht (Abb. 8). Gezogene Henkel haben eine natürlich wirkende Oberflächenstruktur (Abb. 9) und können ganz variabel in verschiedenen Stärken und Längen hergestellt werden (Abb. 10).

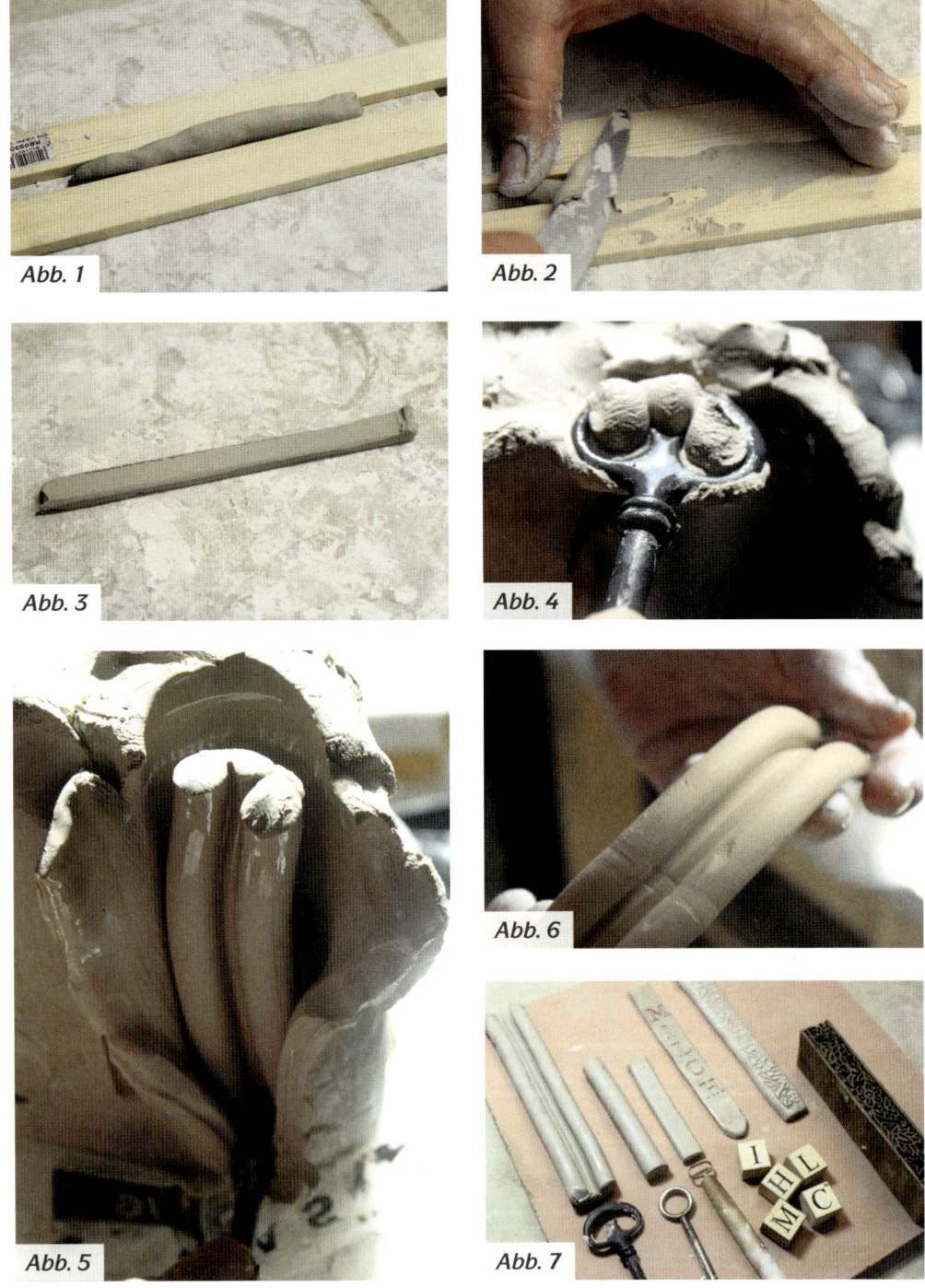

Abb. 1

Abb. 2

Abb. 3

Abb. 4

Abb. 5

Abb. 6

Abb. 7

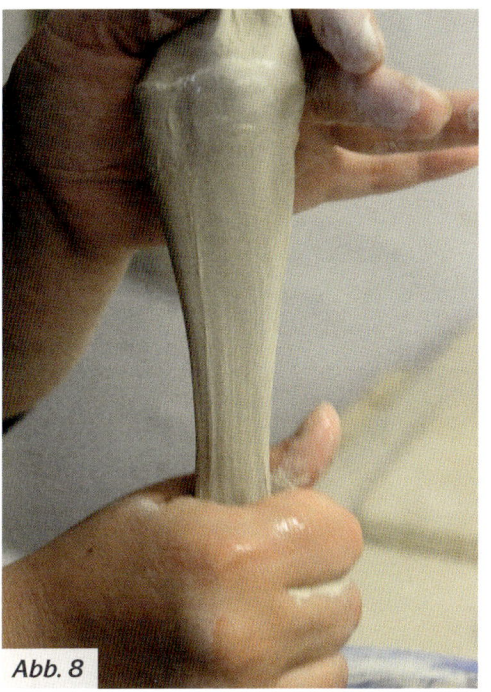

Abb. 8

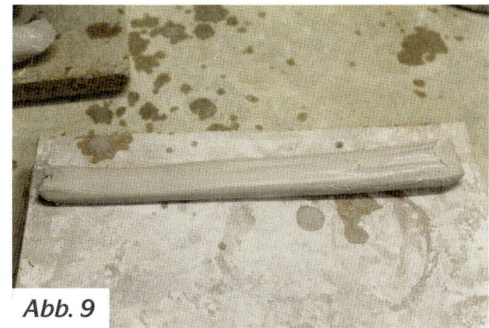

Abb. 9

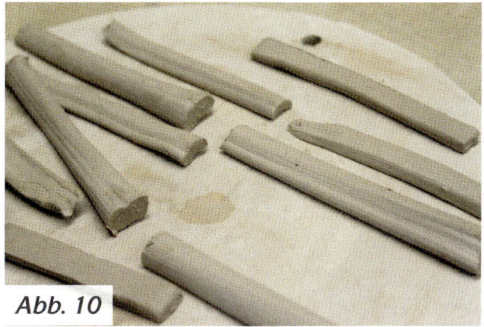

Abb. 10

Henkel befestigen

Der Tassenkorpus muss mindestens einen Tag lang trocknen, bevor man ihn abdrehen und verzieren kann.

Damit die Henkel an der Tasse befestigt werden können, werden zwei kleine Flächen entlang einer geraden Linie zunächst mit einem Modellierholz aufgeraut, indem man die Oberfläche dort mehrfach über Kreuz einritzt (Abb. 1). Es handelt sich hierbei um die späteren Kontaktflächen der beiden Henkelenden mit der Tasse. Sie sollten sich exakt auf einer geraden Linie befinden (es sei denn, man möchte mit Absicht einen schräg versetzt verlaufenden Henkel an der Tasse anbringen).

Anschließend wird auf die eingeritzten Stellen etwas weicher Tonschlick (Abb. 2) aufgetra-
gen (Abb. 3), der Henkel dann aufgesetzt und vorsichtig angedrückt (Abb. 4). Dieser Druck darf einerseits nicht zu fest sein, damit sich der Tassenkorpus darunter nicht verformt, andererseits sollte der Henkel jedoch eine gute und sichere Verbindung mit der Tasse eingehen. Die Henkelenden werden nun glatt gestrichen und optisch ansprechend nachmodelliert (Abb. 5). Weiterer Tonschlick wird in vorhandene Lücken zwischen Henkel und Tasse eingebracht und leicht eingearbeitet. Das sorgt für eine gute Verbindung zwischen Henkel und Tasse (Abb. 6). Schließlich werden alle Übergänge vom Henkel zur Tasse mit Hilfe eines feuchten Schwammes geglättet (Abb. 7). Hierzu kann auch ein weicher Pinsel verwendet werden (Abb. 8).

Abb. 1

Abb. 2

Abb. 3

Abb. 4

Abb. 5

Abb. 6

Abb. 7

Abb. 8

Tassen-Dekor

Wem eine schlichte Keramiktasse zu eintönig erscheint, der kann die Tasse mit dekorativen Tonfiguren verzieren. Die Figuren wurden zuvor mit speziellen Gießformen aus flüssigem Gießton erstellt (siehe hierzu ab Seite 131) und in einer luftdicht verschlossenen Kunststoffdose aufbewahrt, damit sie nicht komplett aushärten und noch eine Zeit lang weich und flexibel bleiben. Sie können mit etwas feuchtem Ton vorsichtig an der Tasse befestigt werden. Etwas Wasser, welches man über die Figur pinselt oder auftupft, macht sie flexibel, sodass sie beim Anbringen nicht beschädigt wird (Abb. 1–3).

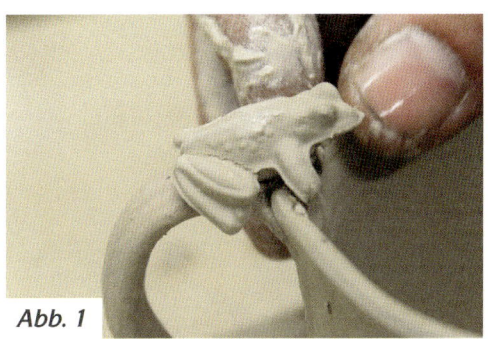

Abb. 1

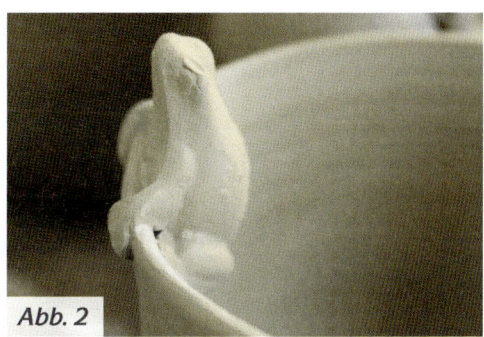

Abb. 2

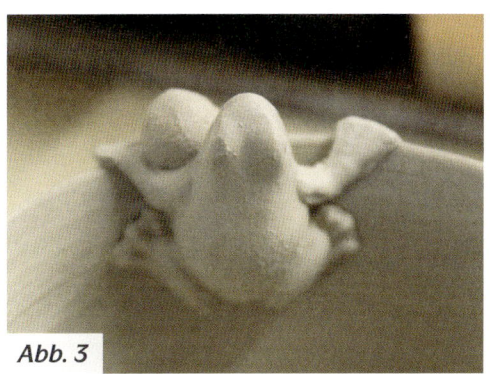

Abb. 3

Krüge in großer Vielfalt

Eindrucksvoll lässt sich an einer Vielzahl unterschiedlicher Krüge demonstrieren, wie vielfältig die Möglichkeiten der Gestaltung von Werkstücken aus Ton sind. Die Vielfalt beginnt schon mit der Ausformung der Ausgussöffnung. Man zieht diesen „Schnabel" entweder sehr vorsichtig durch stetes Ziehen und Streichen im weichen Zustand des Rohlings, also gleich nach dem Drehen, am oberen Rand des Kruges heraus oder man setzt einen Ausguss durch Hinzufügen weiterer Tonmasse an den Krug an und formt ihn dann nach Wunsch aus (Abb. 1, 2). Bei der Gelegenheit können gleich noch weitere Details auf den Krug modelliert werden, wie etwa geschwungene Ränder oder Girlanden (Abb. 2).

Abb. 1

Abb. 2

Eine große Abwechslung im Erscheinungsbild der Krüge entsteht auch bei der Gestaltung recht unterschiedlicher Henkel, die gezogen, geschnitten oder auch mit einem Schlüssel hergestellt werden können (siehe auch auf Seite 155) (Abb. 3). Die Henkel werden sorgfältig am Korpus des Krugs befestigt und verziert (Abb. 4, 6, 7) (siehe dazu auch auf Seite 157). Der Töpfer kann hierbei auch seinen eigenen „Fingerabdruck" auf dem Henkel hinterlassen (Abb. 4, 5).

Abb. 3

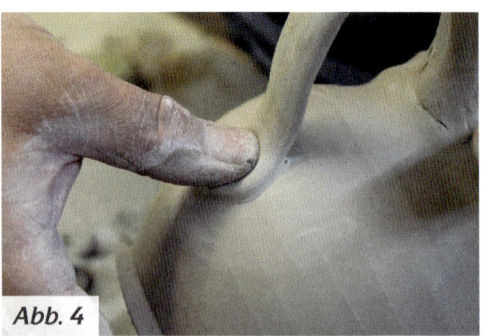

Abb. 4

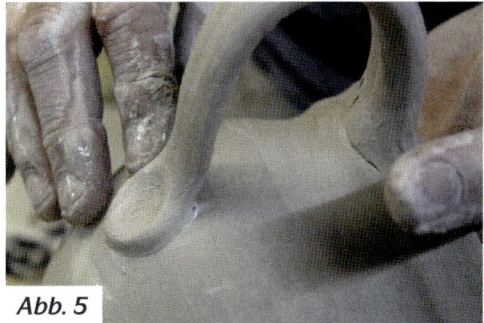

Abb. 5

Abb. 7

Abb. 6

Eine bunte Vielfalt an verschiedenen Henkelvarianten.

Aus Sophies Töpfer-Tagebuch – Tag 4:

Nach einer schöpferischen Pause von gut einer Woche sollte es nun heute weitergehen mit meinen Drehübungen an der Töpferscheibe.

Auf dem Weg zur Töpferei gingen mir ein paar Dinge durch den Kopf, so etwa die Aussage einer Töpferschülerin, der ich vor etwa einer Woche beim Drehen einer kleinen Schale zusehen konnte. Es handelte sich um eine Dame, die vor rund 35 Jahren das Drehen an der Töpferscheibe in der Schule gelernt hatte und heute feststellte, dass sie die Grundlagen immer noch beherrschte. Auf meine Frage, wie sie das denn mit dem Zentrieren hinbekommt, meinte sie, dass sie immer kurz den Atem anhält und dann würde es schon klappen. Sie gab mir außerdem den Rat, beim Hochdrücken des Tons mit dem Tonkegel nicht so hoch hinauszustreben. Sie würde die Tonmasse einige Male nur wenig in die Höhe drücken und findet so am besten das Zentrum der Drehscheibe. Ich würde das natürlich ausprobieren und auch das mit dem Anhalten des Atems testen, denn ich möchte ja nichts unversucht lassen.

Dieter empfing mich mit den Worten, dass ich heute nach der langen Pause sicher frustriert sein würde, da mir nun schon seit über einer Woche die Praxis fehlte. Ich ließ mich durch seine Worte jedoch nicht beirren und dachte daran, was er mir letzte Woche auch noch erzählt hatte, nämlich, dass man das Drehen, wenn man es einmal kann, nie mehr verlernen würde. Es verhielte sich damit ähnlich wie mit dem Radfahren oder Schwimmen. Ich äußerte den Wunsch, eine kleine Schale oder einen Blumenübertopf herzustellen, da ich diese einer lieben Nachbarin schenken wollte, die in der folgenden Woche Geburtstag hatte und der ich außerdem von meinen Töpferambitionen erzählt hatte. Sie würde sich mit Sicherheit über ein selbst getöpfertes Geschenk freuen.

Motivieren, motivieren ...

Sich immer wieder selbst zu motivieren, stellt mit Sicherheit einen wichtigen Faktor beim Erlernen der Drehtechnik dar. Der unbändige Wille, ein gestecktes Ziel zu erreichen, sollte also vorhanden sein.

Mit dem Gedanken an meine Nachbarin Inge und ein selbst getöpfertes Geschenk setzte ich mich also heute an die Töpferscheibe. Dieter hatte mir für heute vier Kugeln geformt und ich wollte im ersten Versuch den Übertopf angehen. Aber dazu musste ich den Ton zunächst in das Zentrum der Drehscheibe befördern. „Zack", den Ton mit Schmackes ins Zentrum der Scheibe geworfen, die Hände gut befeuchtet und die Scheibe in Gang gebracht! Ich drückte mit der rechten Hand in Richtung Zentrum der Scheibe. Beständig und dennoch mit Gefühl, das hatte ich schon gelernt.

Man musste spüren, dass dieses unrunde Laufen des Tons im Zentrum der Scheibe weniger wird. Bei mir ist es häufig noch so, dass ich einmal mit der linken und dann wieder mit der rechten Hand gegen den Tonblock drücke. Dieter meint, das wäre Unsinn. Druck von einer Seite reichte völlig aus.

Ich drückte seitlich gegen den Ton, sodass er in die Höhe wuchs und einen kleinen Zylinder bildete, stützte den Ton mit der anderen Hand locker von der gegenüberliegenden Seite her ab, übte dann mit beiden Handballen und Daumen Druck auf den Ton aus, sodass er wieder zu einer flachen Kuppel hinabgesenkt wurde. Das ganze Prozedere wiederholte ich noch zweimal.

In der Tat kann man den Ton besser auf dem Scheibenkopf bewegen, sobald er eine kleinere Auflagefläche hat, ob er dann tatsächlich rund und im Zentrum der Scheibe läuft, ist wiederum reine Übungssache. Was Dieter schon angedeutet hatte, kann ich nur bestätigen: Drehen lernt man durch Drehen. Beständiges Üben ist unabdingbar.

Jetzt noch den Atem anhalten ... und ... Nein, das funktionierte bei mir nicht! Jeder hat wohl seine ganz eigene Methode, um den Ton in der Mitte des Scheibenkopfes zu zentrieren. Also noch einmal seitlich drücken, schon mit Kraft, aber auch mit Gefühl und nur so lange, bis alles rund läuft.

Ob ich es hier manchmal übertrieben und den Ton über das Zentrum wieder hinausbefördert hatte? Möglich wäre dies, aber ich wagte nicht, Dieter danach zu fragen. Ich fürchtete mich ein wenig davor, die physikalischen Gesetze, gegen die ich womöglich wieder verstoßen hatte, auf die Schnelle nicht recht zu verstehen, also drückte ich nun doch wieder mit der anderen Hand gegen den Ton und siehe da, auf einmal lief alles schön rund. Hurra! Gleich beim ersten Versuch!

Nun rasch den Ton „aufbrechen" und nicht zu lange an dem Werkstück arbeiten, damit der Ton nicht wieder so viel Feuchtigkeit aufnimmt wie beim letzten Mal, als das Werkstück schließlich so weich und wabbelig wie ein warmer Pudding geworden war. Selbst das korrekte Zentrieren hatte mir dann nichts mehr genutzt und wieder war ein Stück mehr im Mülleimer der Töpferei gelandet.

Ja, was soll ich sagen? Das Drehen eines Blumenübertopfes ist gar nicht so einfach, wie ich zunächst vermutet hatte. Zwischenzeitlich hatte ich sogar das Gefühl, dass sich mein Werkstück schon wieder aus dem Zentrum hinausbewegt hätte und so bekam es, je höher die Seitenwände wurden, einen unsauberen Rand, den ich später sogar abschneiden musste. Hierfür gibt es eine ganz spezielle „Töpfernadel". Damit kann man den Rand sauber abtrennen.

Mit dem verbliebenen Rest Ton blieben mir nicht mehr allzu viele Gestaltungsmöglichkeiten, die vor allem auch meinen bisherigen Drehfähigkeiten entsprachen und so konnte ich meiner Produktion von flachen Untersetzern

Die ersten gedrehten Werke von Töpferschülerin Sophie

einen weiteren hinzufügen. Ja, immerhin. Man konnte schließlich nie genügend Untersetzer besitzen ...

Das mit dem Übertopf verschob ich auf später und ich formte bei meinem zweiten und dritten Versuch zwei kleine Väschen. Auch davon konnte man ja nie genug haben, so redete ich es mir wenigstens ein.

Dieter erschien und lobte mich, dass ich gleich auf Anhieb richtig zentriert hätte. „Wie wäre es mit einer kleinen Schale, in die man Süßigkeiten hineintun könnte als Geschenk für Inge?", schlug Dieter vor. Ja, das wäre sicher auch sehr hübsch und ich schaffte es auch diesmal wieder, den Ton einigermaßen in der Mitte der Töpferscheibe zu zentrieren. Die

Übungsstücke einer Töpferschülerin

Schale wurde dennoch nicht perfekt. Zum Abschluss versuchte ich mich nochmals an einer Vase und ich war wieder einmal etwas traurig, dass noch immer kein perfektes Ergebnis bei meinen Drehübungen herausgekommen war.

Dieter tröstete mich und meinte, das Zentrieren stünde bei mir zurzeit noch im Vordergrund und nicht unbedingt das Fertigstellen schöner Werkstücke. So gesehen war meine heutige Übungsstunde also doch ein Erfolg: Ich hatte es dreimal geschafft, den Ton auf dem Scheibenkopf zu zentrieren und auch schon einige Väschen und eine Schale gefertigt, die vielleicht nicht gerade als Geschenke taugten, aber doch noch für irgendetwas zu gebrauchen waren.

Zum Abschluss meiner Drehstunde schlug Dieter vor, mir zu zeigen, wie man einen Blumentopf dreht. Ich könnte ihn in zwei Tagen, wenn ich wieder in die Töpferei käme, für Inge verzieren ... (siehe auch ab Seite 173 „Eine detaillierte Drehanleitung").

Aus Sophies Töpfer-Tagebuch – Tag 5:
Die fünfte Drehstunde stand an und ich wollte mich diesmal vor allem auf das Zentrieren des Drehtons konzentrieren. Solange der Ton nicht absolut ruhig und ohne jede Unwucht genau im Zentrum des Scheibenkopfes kreise, war weiteres Drehen absolut sinnlos, das wusste ich inzwischen.

Ich formte zunächst nur zwei Kugeln. Das sollte reichen für den heutigen Tag. Wenn ich diese beiden korrekt zentrieren würde, wäre ich für heute mehr als zufrieden. Ich platzierte den Ton mit einem herzhaften Wurf in der Mitte der Scheibe, befeuchtete meine Hände und los ging's.

Das Gefühl für dieses Stück Ton in meinen Händen fühlte sich doch mit jedem Mal vertrauter an. Ich wusste nun schon beinahe automatisch, was zu tun war. Druck von einer Seite aus, die Gegenhand stützt den Ton von der anderen Seite. Durch den Druck beider Hände bildete sich ein Kegel, den ich in die Höhe wachsen ließ und mit beiden Händen wieder zurück zum Scheibenkopf beförderte. Zwischendurch sorgte man immer wieder für feuchte Hände und feuchten Ton. Ich erspürte die Position des Tons, zentrierte geduldig weiter, bis endlich alles ruhig lief. Ja, es funktionierte nun tatsächlich und ich konnte ganz überraschend anfangen, ein schönes Werkstück zu formen ...

Töpferschülerin Sophie bei ihrer fünften Drehstunde: Aufbrechen des Tonblocks ...

... und Ausformen der Wandung

Ich musste allerdings höllisch aufpassen, dass mir das in die Höhe wachsende Tonwerk nicht entglitt. Was wohl erfahrene Töpfer schon ganz automatisch machten, nämlich den Ton während des gesamten Drehvorgangs immer mit mindestens einer Hand zu stützen, darauf musste ich mich als Anfängerin noch die ganze Zeit konzentrieren. Beide Hände müssen außerdem eng zusammenarbeiten. Wird von innen Druck auf einen Punkt gegeben und die Wandung von unten nach oben hoch und auch etwas in die Breite gezogen, befindet sich die andere Hand auf der Außenseite und hält dem Druck, der von innen gegeben wird, stand bzw. dagegen. Auch hierfür musste man das Gefühl erst entwickeln und es hieß also üben, üben, üben ...

Aus Sophies Töpfer-Tagebuch – Tag 6:
Die Drehstunden Nummer 6 und 7 liegen nun bereits hinter mir. Bei meiner sechsten Drehstunde war ich ganz allein im Drehraum. Ich konnte mir also genau die Zeit und Muße zum Drehen nehmen, die ich brauchte.

Das Zentrieren des Tons klappte nun schon immer besser, wenn auch meist erst beim zweiten oder dritten Anlauf. Wichtig erscheint mir hierbei, dass die Arme während des Drehens

gut und sicher aufliegen können, so bekommt man am besten ein Gefühl für den Lauf der Scheibe und erspürt auch jede kleine Unwucht. Damit wächst auch das Gefühl für das „Rundlaufen" des Tons in der Mitte des Scheibenkopfes. Diesen Unterschied zwischen Unwucht und ruhigem Lauf der Scheibe zu erspüren, ist eben doch reine Übungssache. Man kann dieses Gefühl nicht erklären und jeder muss es für sich selbst herausfinden. Ohne Versuch und Irrtum hat wohl noch kaum jemand das Drehen an der Töpferscheibe erlernt. Also übte ich ein

Weitere Übungsstücke von Töpferschülerin Sophie

wenig, und zwar ohne jede Hast, dabei allerdings auch den Faktor Zeit im Auge behaltend, wohlwissend, dass der Ton mit zunehmender Bearbeitungszeit immer weicher werden würde.

Nein, meine sechste Drehstunde wurde immer noch keine 100%ige Erfolgsstory, wenngleich es mir doch gelungen ist, einige einigermaßen nette Teile anzufertigen. Leider hatte es mir doch zwischendurch immer wieder mal den Ton aus den Händen gehauen … Wie soll man den Vorgang sonst nennen, wenn plötzlich der obere Teil des Werkstückes in einem Anfall von Unwucht ganz unansehnlich wird? In diesem Fall hatte ich dieses Teilstück dann – sauber vom Rest des Tons abgetrennt – in den Mülleimer befördert, wollte allerdings – vom Ehrgeiz gepackt – mit den auf dem Scheibenkopf befindlichen Tonresten noch unbedingt etwas Anständiges gestalten. Meine anerzogene Sparsamkeit nun wieder … Was soll ich sagen? Es kamen zwei Miniaturvasen dabei heraus, die allenfalls noch für den Setzkasten taugten, sowie zwei Schalen, die doch schon eine recht ansehnliche Form besaßen.

Aus Sophies Töpfer-Tagebuch – Tag 7:

Als ich am nächsten Tag zu meiner siebenten Drehstunde erschien, lobte Dieter zwar die kleinen Vasen, meinte aber, dass sich heute niemand mehr für derart winzige Keramiken interessieren würde. Die Epoche der Setzkastenfiguren schien demnach unwiederbringlich vorüber zu sein. Wenngleich in meiner Küche noch so ein Kasten aus dunklem Holz hing, der mit allerhand Nippes gefüllt war. Dort würden die beiden Mini-Vasen also schon bald ein Zuhause finden.

Ich bestand darauf, die beiden größeren Schalen heute ganz alleine auf der Töpferscheibe abzudrehen, ihnen also eine schöne Unterseite mit einem ordentlich ausgeformten Standfuß zu geben. Zwar hatte ich das noch

nie gemacht, aber schon ein paar Mal beim Abdrehen zugesehen (siehe hierzu auch auf Seite 154). Ich hatte also eine gewisse Vorstellung davon, wie das funktionieren könnte. Außerdem ließ ich mir den Vorgang von Dieter noch einmal detailliert erklären.

Ich begann mit der sich nach oben öffnenden leicht bauchigen Schale, befeuchtete deren Rand und platzierte sie exakt in der Mitte des Drehtellers. Die auf dem Scheibenkopf sichtbaren Ringe halfen mir dabei **(Abb. 1)**. Mit einem Finger sollte man nun etwas Druck auf die Mitte des Gefäßbodens ausüben, damit das Werkstück während des Abdrehens nicht auf der Scheibe verrutschte, denn nun kommt der heikle Moment, wenn nämlich die Modellierschlinge angesetzt wird, um Runde für Runde dünne Tonschichten abzuschälen **(Abb. 2)**. Das macht man so lange, bis der untere Teil der Schale die gewünschte Form erhalten hat und ein ansehnlicher Standring entstanden ist.

Ich streite es gar nicht ab, dass ich den Vorgang extrem langsam, also quasi in Zeitlupe, ausgeführt habe und Dieter wohl gar nicht mehr hinsehen konnte, doch konnten sich die Ergebnisse hinterher durchaus schon sehen lassen **(Abb. 3)**.

Zu beachten ist, dass **sehr kleine Vasen oder Schalen nicht auf der Töpferscheibe abgedreht werden**. Deren Böden werden manuell mit einer Modellierschlinge, einem Messer oder anderem Werkzeug schön in Form gebracht.

Aus Sophies Töpfer-Tagebuch – Tage 8 bis 10:

Die letzten drei Drehstunden liegen nun hinter mir und ich kann schon so viel verraten, dass es dabei für mich eine Überraschung gegeben hatte. An meinem vorerst vorletzten Drehtag war ich zum Ende meiner Drehübungen wieder ganz alleine im Drehraum der Töpferei, da Dieter eine Erledigung zu machen hatte. Bevor er

Abb. 1

Abb. 2

Abb. 3

*Töpferschülerin Sophie beim Abdrehen
ihrer frei gedrehten Übungsstücke*

den Drehraum verließ, meinte er noch zu mir, dass ich mir womöglich ein zu großes Stück Ton vom Block geschnitten hätte, da ich es wohl kaum schaffen würde, diese Menge zu zentrieren. Er wusste ja noch nicht, was ich mir für heute vorgenommen hatte. Ich wollte einen wunderschönen Krug drehen!

Die ungefähre Form für diesen Krug hatte ich auch schon im Kopf. Es sollte ein Versuch werden und wenn es nicht klappte, dann wäre es eben Schicksal. Ein Schicksal, welches ich mit vielen anderen Drehschülern teilen würde, denn die Fehlversuche gehören zum Lernen des richtigen Drehens nun einmal dazu, das hatte ich inzwischen gelernt, und wer zu schnell aufgibt, der würde wohl nie ein guter Scheibendreher werden.

Oh ja, ich hatte tatsächlich meine Mühe mit dem großen Tonklumpen, der sich so ungewohnt schwer und massig in meinen Händen anfühlte. Beim Hochdrücken zu einem Kegel ging mir auch jedes Mal ein wenig Ton verloren, fast schien es so, als wären meine Hände zu klein für so viel Ton. Dann dachte ich allerdings an einen Film, den ich vor einigen Wochen über das Arbeiten an einer Töpferscheibe gesehen hatte. Dort drehte jemand mit einer ganz normalen Handgröße eine riesengroße Bodenvase auf einer Töpferscheibe und dieser Fachmann hatte anscheinend überhaupt kein Problem mit der großen Tonmenge, die für dieses Vorhaben nötig war. Es müsste also funktionieren. Mit frischen Mut zentrierte ich also weiter, bis es mir dann, endlich, nach einigen Versuchen tatsächlich gelungen war: Der Ton lief ganz ruhig in der Mitte der Scheibe.

„Jetzt nur nicht nervös werden", dachte ich, allerdings dürfte ich auch keine Zeit verlieren. Ich brach den Ton also auf, formte einen Boden aus und begann die Wände auszuformen, indem ich mit dem Mittelfinger meiner rechten Hand von der Gefäßinnenseite her Druck ausübte, gleichzeitig besonders sorgfältig von außen abstützte und etwas Gegendruck auf den Ton gab. Auf diese Weise zog ich die Gefäßwand von unten nach oben hoch und mein Krug wuchs allmählich in die Höhe.

Ich stellte mir vor meinem inneren Auge etwas Zweigeteiltes vor: Der untere Teil des Kruges sollte eine bauchige Form erhalten, der obere dagegen sollte sich nach oben hin leicht öffnen. Dazu musste ich das Gefäß etwa in der Mitte wieder ein wenig verjüngen, was ich durch das Auflegen von Zeigefingern und Daumen und etwas Druck rundherum tat. Ich hatte diesen Griff neulich bei Dieter gesehen und jetzt könnte ich ihn gleich einmal ausprobieren.

An dieser Stelle sei nochmals darauf hingewiesen, dass es – zumindest in meinem Fall – sehr hilfreich ist, einem erfahrenen Scheibendreher, wie es Dieter einer ist, häufig beim Drehen zuzusehen. So prägen sich die einzelnen Griffe beim Ausformen eigener Drehkeramik noch am besten ein.

Volle Konzentration war weiterhin angesagt. Gerne hätte ich den unteren Bereich noch etwas bauchiger ausgeformt, allerdings hatte ich nun den mittleren Bereich schon zu eng „eingeschnürt" und so kam ich mit meiner Hand nicht mehr in das Gefäß hinein. Ein sicherlich dummer Anfängerfehler und am Ende fiel mein Krug leider im unteren Bereich etwas schmal und auch viel zu schwer aus. Trotz dieser kleinen Mängel gefiel mir mein Tonwerk sehr gut und ich ging mit einem sehr guten und stolzen Gefühl nach Hause. Was wohl Dieter zu dem Krug sagen würde? Ich würde es morgen, in der Töpferei, bei meiner vorerst letzten Drehstunde, erfahren.

Am nächsten Morgen erschien ich also zu meiner letzten Drehstunde in der Töpferei. Der Krug musste ja noch abgedreht werden, damit man vielleicht auch die Wandung in seinem unteren Teil etwas „ausdünnen" könnte. Mir war schon bewusst, dass mein Krug nicht perfekt in der Ausführung war, aber wen kümmerte es. Mir gefiel er und das war für den Moment das Entscheidende. Ich hoffte so sehr, dass mein Töpferlehrer Dieter seine Schönheit ebenfalls erkennen würde.

Als ich den Drehraum betrat, hielt Dieter meinen Krug schon in seiner Hand. Er würde ihn doch nicht in den Mülleimer befördern, war mein erster banger Gedanke. Doch dann erblickte ich sein durchaus zufriedenes Gesicht.

„Diesen Krug hättest du nicht so hinbekommen, wenn du den Ton zuvor nicht richtig zentriert hättest!"

Das reichte mir als Lob voll und ganz. Ich war wirklich „happy", überließ Dieter auch gerne das Abdrehen, das ich ja bisher immer noch in Zeitlupe ausführte, denn wir hatten heute noch eine ganze Menge vor.

Zahlreiche Henkel lagen schon auf dem Tisch bereit und ich durfte mir für meinen Krug einen davon aussuchen. Ich wählte einen mit einer aufgestempelten Blumengravur, der – aufgrund seiner Größe – während des Trocknens mit einem Stück Ton abgestützt werden musste.

Zwar war mein Töpfer-Drehkurs hiermit beendet, doch hätte ich nur zu gerne gelernt, so eine schöne Stelenspitze auf der Töpferscheibe zu drehen, wie ich sie in der Töpferei schon so oft bewundert hatte. Wenn Dieter auch immer behauptete, dass gedrehte Stelenspitzen eher einfach herzustellende Werkstücke seien, so war es mir bisher noch nicht gelungen, ein einigermaßen zufriedenstellendes Exemplar anzufertigen. Daher soll hier nachfolgend noch einmal gezeigt werden, wie der Fachmann in nur wenigen Minuten so eine bezaubernde Stelenspitze anfertigt. Ich durfte dann wieder mit dabei sein, wenn es ums Verzieren der schönen Teile ging (siehe dazu ab Seite 89).

Dieser Krug entstand in der vorletzten Stunde des zehntägigen Anfänger-Drehkurses „Freies Drehen an der Töpferscheibe". Er wurde mit einem dekorativen Henkel ausgestattet.

Stelenspitze

Schritt für Schritt

Der auf dem Scheibenkopf der Töpferscheibe zentrierte Ton (siehe auch ab Seite 173: „Detaillierte Drehanleitung") wird aufgebrochen (Abb. 1) und bis zum Scheibenkopf hindurch geöffnet, sodass ein Gefäß „ohne Boden" entsteht. Es wird ein hohes, sich nach oben hin verjüngendes Gefäß geformt (Abb. 2, 3). Dieses wird anschließend oben wieder verschlossen, also praktisch an seiner obersten Spitze wieder „zugedreht" (Abb. 4).

Durch einen Griff mit Daumen und Zeigefingern wird der Drehton dann etagenweise verjüngt, indem rundum Druck ausgeübt wird (Abb. 4–6). Man erhält eine Art „Einschnürung", die unterschiedlich stark ausfallen kann. Diese Einbuchtungen machen letztendlich den Charme der Stelenspitze aus.

Mit einem Schwamm wird überschüssige Feuchtigkeit aufgenommen (Abb. 7), mit einem Modellierholz werden anschließend dekorative Rillen in die Stelenspitze eingeritzt (Abb. 8, 9). Die fertig gedrehte Stelenspitze wird mit einem Draht vom Scheibenkopf gelöst und zum Trocknen auf die Seite gestellt (Abb. 10).

Abb. 1

Abb. 2

Abb. 3

Abb. 4

Abb. 5

Abb. 6

Abb. 7

Abb. 8

Abb. 9

Abb. 10

Die häufigsten Anfängerfehler

Bis das Drehen an einer Töpferscheibe in Perfektion beherrscht wird, vergehen oft viele Wochen, wenn nicht sogar Monate, und während dieser Zeit unterlaufen den Drehschülern häufig eine Reihe von Fehlern. Diese können nur durch stetes Üben verringert und schließlich ausgeschaltet werden. Die nachfolgende Beschreibung soll dazu dienen, die von Anfängern besonders häufig gemachten Fehler zu erkennen und diese schnell beheben zu können.

Fehler: Der Ton rutscht beim Versuch, ihn zu zentrieren, aus der Mitte des Scheibenkopfes.
Der Drehton muss stets eine gute Haftung auf seinem Untergrund, dem Scheibenkopf, haben. Die Oberfläche des Scheibenkopfes sollte daher beim Aufwerfen des Drehtons weder zu

trocken noch zu nass sein. Es reicht aus, wenn die Fläche mit einem feuchten Schwamm abgerieben wird, bevor der Tonklumpen in die Mitte des Drehtellers geworfen wird. Ein paar herzhafte Schläge oder etwas Druck auf den Ton lassen ihn noch besser an seinem Untergrund haften. Erst jetzt werden Hände und Ton gut befeuchtet, damit die Tonmasse stets leichtgängig durch die Hände des Töpfers laufen kann.

Fehler: Der Druck auf den Tonblock wird nicht gezielt zur Mitte des Scheibenkopfes hin aufgebaut.
Das ist ein Fehler, den viele Anfänger machen. Anstatt gezielt ins Zentrum der Scheibenmitte zu drücken, folgen sie mit dem Druck ihrer Hände der bestehenden Unwucht. Behoben werden kann dieser Fehler jedoch ganz einfach:

Unbeirrt drückt man zur Scheibenmitte und lässt das unrunde Laufen des Tonblocks dabei außer Acht.

Fehler: Nach dem Zentrieren wird die hohe Drehzahl beibehalten.
Nach dem erfolgreichen Zentrieren wird die Drehzahl der Töpferscheibe etwa auf die Hälfte reduziert. Nur so können die einzelnen Arbeitsschritte zum Ausarbeiten der Wandung in Ruhe und vollständig durchgeführt werden.

Fehler: Eine Drehbewegung wird nicht zu Ende ausgeführt.
Unregelmäßig geformte Werkstücke sind meist die Folge, wenn ein Arbeitsschritt nicht vollständig zu Ende ausgeführt wurde. Als Arbeitsschritt zählt etwa das vollständige Hochziehen der Wandung, das nicht einfach mittendrin unterbrochen werden darf. Sei es aus Unsicherheit oder um sich die Hände zu befeuchten, vor allem Anfänger unterbrechen ihre Arbeit häufig während der Durchführung eines Drehprozesses und ruinieren damit nicht selten ein bis dahin schönes Werkstück an der Töpferscheibe.

Fehler: Beim Hochziehen der Tonmasse verharrt man zu lange an einem Punkt, sodass die Wandung hier immer dünner wird und schließlich einreißt bzw. einsinkt.
Um zu verhindern, dass die Wandung während des Drehvorgangs einreißt oder einsinkt, sollte das Hochziehen der Wandung mit gleichmäßigem Druck und relativ zügig ausgeführt werden. Wird zu lange an einem Punkt verharrt und hier beständig Druck auf den Ton gegeben, wird die Wandung an jener Stelle immer dünner und sinkt oder reißt schließlich ein.

Drehübungen an der Töpferscheibe: Aller Anfang ist schwer.

Die gedrehten Stelenspitzen sind bald bereit für den Brennofen.

Detaillierte Drehanleitung am Beispiel eines einfachen Blumenübertopfes

Für Töpferschüler, die das Drehen an einer Töpferscheibe erlernen möchten, ist die Demonstration einer fachkundigen Person enorm wichtig. Das visuelle Lernen ersetzt zwar das eigene Üben nicht, doch es stellt eine wichtige Ergänzung dar. Nachfolgend soll daher noch einmal sehr detailliert und Schritt für Schritt erläutert werden, worauf ein Scheibendreher ganz besonders achten muss, damit seine Werke gelingen können.

Schritt für Schritt

Mit einem Draht werden rechteckige Blöcke aus dem Drehton geschnitten, diese dann zu einer Kugel geformt (Abb. 1). Die Hände sind zu diesem Zeitpunkt noch trocken! Nun wird der Scheibenkopf des Drehtellers leicht befeuchtet (Abb. 2), die Tonkugel anschließend

herzhaft ins Zentrum des Drehtellers geworfen (Abb. 3). Aufdrücken oder leichtes Aufschlagen auf den Tonblock sorgen dafür, dass dieser fest an seinem Untergrund anhaftet.

Die Tonmasse muss nun exakt in den Mittelpunkt des Scheibenkopfes befördert werden. Man nennt diesen Vorgang das „Zentrieren des Tons". Die Hände sowie auch der Ton werden gut befeuchtet und die Drehscheibe in Gang gesetzt.

HINWEIS	Ton ständig befeuchten

Bei zu trockenem Ton wird während des Drehens beständig etwas Wasser benötigt. Das Tonwerk muss jederzeit leichtgängig durch die Hand des Töpfers laufen. Man befeuchtet nach Bedarf die Hände und träufelt etwas Wasser von oben auf den Ton.

Bei einer relativ hohen Drehzahl wird nun mit einer Hand Druck auf den Ton ausgeübt, die andere Hand hält von der gegenüberliegenden Seite locker dagegen. Man drückt von der Seite zur Mitte hin sowie auch immer leicht nach unten, zum Scheibenkopf, bis die Tonmasse ganz ruhig und zentriert in der Mitte des Drehtellers kreist (Abb. 4).

Durch den Druck beider Hände wird die Tonmasse währenddessen ein- oder mehrmals zu einer Art Kegel in die Höhe gedrückt (Abb. 5) und mit dem Druck beider Handflächen sowie der Daumen wieder zu einer flachen Kuppel geführt. Dieses „Hochdrücken" erleichtert das Zentrieren der Tonmasse. Zudem wird bei diesem Vorgang vorhandene Luft aus der Tonmasse entfernt. Sobald sich der Ton ruhig im Zentrum der Drehscheibe bewegt, kann er aufgebrochen werden. Mit Hilfe der Daumen oder, wie hier gezeigt, mit den Fingerkuppen der rechten Hand wird der zentrierte und sehr

kompakte Tonklumpen von der Mitte her geöffnet, sodass sich ein Hohlraum bildet. Die linke Hand stützt den Ton von außen gut ab (Abb. 6). Dieser Hohlraum wird nun durch Druck so weit geöffnet, dass noch ein ausreichend dicker Boden für das Gefäß bestehen bleibt. Wie viel Ton noch zwischen Fingern und Scheibenkopf vorhanden ist, kann man leider nicht messen. Die Ausformung des Bodens muss daher nach Gefühl und Erfahrung des Töpfers durchgeführt werden. Der Boden wird von innen nach außen schön glatt gezogen (Abb. 7).

WICHTIG | **Beide Hände an den Ton**

Während des gesamten Drehvorgangs sind beide Hände stets am Ton, die eine Hand gibt Druck auf den Ton, um ihn zu formen, die andere stützt den Ton von der anderen Seite, sodass der Tonrohling immer schön zentriert und ruhig in der Scheibenmitte bleibt.

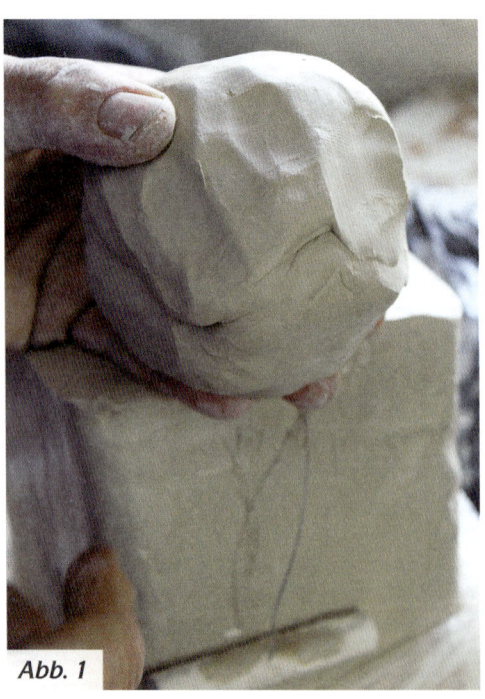

Abb. 1

Abb. 2

Abb. 3

Abb. 4

Abb. 5

Abb. 6

Abb. 7

Abb. 8

Abb. 9

Abb. 10

Die Seitenwände des Übertopfes werden nun ausgeformt. Dazu langt man mit einer Hand ins Innere des entstandenen Hohlraums und gibt Druck mit dem Daumen oder den Fingerkuppen von Mittel- und Ringfinger auf den Ton, während das Tonwerk mit der anderen Hand von außen gut abgestützt wird. Diese Stützfunktion übernimmt entweder ein Fingerknöchel (= Knöchelzug) (Abb. 8) oder auch die Außenkante der Hand. Um zu verdeutlichen, was während des Hochziehens der Wandung mit dem Töpferwerk geschieht, haben wir den Tonrohling aufgeschnitten (Abb. 9). Man sieht deutlich, wie die Tonwand durch den Druck der Hände nach oben gezogen und die Wandstärke dadurch deutlich schlanker wurde (Abb. 10).

Das Hochziehen der Wände sollte zunächst mit gleichmäßigem Druck und in einem zügig durchgeführten Vorgang vom Boden bis zum oberen Rand des Topfes erfolgen. Man erhält einen Zylinder (Abb. 11). Man langt wieder in den Hohlraum des Töpferwerkes hinein und beginnt wiederum am Gefäßboden mit der weiteren Bearbeitung der Wandung, indem in einer senkrechten Aufwärtsbewegung Druck von innen gegen die Tonwand ausgeübt wird, währenddessen die andere Hand wiederum stützend von außen tätig ist. Hierdurch verändert sich die Form des Rohlings in Relation zu den vom Töpfer an der Wandung ausgeübten Druck- und Zugkräften (Abb. 12). Die Wände können, wie oben beschrieben, wiederum nur gerade nach oben

hochgezogen werden oder eine bauchige oder jede andere beliebige Form erhalten (Abb. 13), je nachdem, ob man den Ton mehr nach oben zieht oder nach außen drückt.

Ein zu diesem Zeitpunkt halbierter Topf zeigt anschaulich, dass beide Hände am Ausformen der Gefäßwände beteiligt sind (Abb. 14).

Abschließend wird der Rand des Topfes geformt (Abb. 15). Auch hier zeigt der Querschnitt des gedrehten Werkes, wie stets von beiden

Abb. 11

Abb. 12

Abb. 13

Abb. 14

Abb. 15

Abb. 16

Abb. 17

Abb. 34

Seiten am Tonwerk gearbeitet wird (Abb. 16). Nur so kann der Töpfer die Bewegungen der Tonmasse zu jedem Zeitpunkt vollständig kontrollieren und beeinflussen.

Der Boden des fertigen Topfes wird von außen mit einem Spachtel noch etwas abgedreht (den Spachtel immer in Drehrichtung ansetzen!) (Abb. 17). Anschließend wird das gedrehte Werk vorsichtig vom Scheibenkopf abgehoben und zum Trocknen beiseitegestellt (Abb. 18).

TIPP | **Überschüssiges Wasser**

Mit einem Schwämmchen kann während des Drehens überschüssiges Wasser vom Drehton abgesaugt werden. Dadurch wird verhindert, dass der Ton während des Drehvorgangs zu viel Flüssigkeit aufnimmt und dadurch weich und unbrauchbar wird.

Anhang

Entwürfe und Bilder von Projekten der Keramikwerkstatt „Brölerhof"

Auch wenn es um große Keramikprojekte geht, werden nicht selten kleine bis mittelgroße Keramikwerkstätten mit der Ausführung beauftragt.

Der Brölerhof in Ruppichteroth, nahe Köln gelegen, ist so ein kleiner Familienbetrieb, der sich immer wieder gerne neuen Herausforderungen stellt.

Die nachfolgenden Bilder und Entwürfe zeigen eindrucksvoll, wie vielfältig Keramik in sehr unterschiedlichen Bereichen eingesetzt werden kann.

Bezugsquellen

Deutschland

Goerg & Schneider GmbH & Co. KG
Bahnhofsstraße 4
56427 Siershahn
Tel.: +49 (0) 2623 604-0
E-Mail: info@goerg-schneider.de
Web: www.goerg-schneider.de

Kachelöfen & Keramik „Brölerhof"
Karin & Dieter Baumann
Entwurf, Beratung, Technik, Keramik
53809 Ruppichteroth
Tel.: +49 (0) 2247 12160
E-Mail: baumann.di@t-online.de
Web: www.broelerhof.de

Carl Jäger GmbH
Tonindustriebedarf
56206 Hilgert
Tel.: + 49 (0) 2624 94169-0
E-Mail: info@carl-jaeger.de
Web: www.carl-jaeger.de

Keramik Kraft
Keramikbedarf
91227 Diepersdorf
Tel.: + 49 (0) 9120 1846-0
E-Mail: hallo@keramik-kraft.de
Web: www.keramik-kraft.de

SIBELCO Deutschland GmbH
Keramische Massen
56235 Ransbach-Baumbach
Tel.: + 49 (0) 2623 83-0
E-Mail: kontakt@sibelco.de
Web: www.sibelco.de

Thomas Wolbring GmbH
Keramikbedarf
56203 Höhr-Grenzhausen

Tel.: +49 (0) 2624 2196
E-Mail: info@wolbring-keramikbedarf.de
Web: www.wolbring-keramikbedarf.de

Österreich

AFT Astrid Lehner
Keramikbedarf e. U.
4642 Sattledt
Tel.: + 43 (0) 7244 20006
E-Mail: office@aft-keramikbedarf.at
Web: www.aft-keramikbedarf.at

Lehrer GesmbH
Töpfereibedarf
4060 Leonding
Tel.: + 43 (0) 732 674430-0
E-Mail: office.lehrer@keramik.at
Web: www.keramik.at

SKOKAN
Keramikbedarf
1120 Wien
Tel.: + 43 (0) 1 8175656
E-Mail: keramikbedarf@skokan.at
Web: www.skokan.at

Schweiz

Lehmhuus AG
Töpfereibedarf
4147 Aesch/BL
Tel.: + 41 (0) 61 6919927
E-Mail: info@lehmhuus.ch
Web: www.lehmhuus.ch

Michel
Keramikbedarf
8046 Zürich
Tel.: + 41 (0) 44 3721616
E-Mail: info@michel.ch
Web: www.keramikbedarf.ch

Literaturhinweise

Lehnhäuser, Werner; Lehnhäuser, Klaus: Keramische Glasuren und ihre Farben – für Studium, Handwerk und Industrie. 4., überarb. u. erw. Aufl. Ritterbach: Frechen 2000

Die Autoren

Dieter Baumann leitet die Keramik-Werkstätte „Brölerhof" in Ruppichteroth in der Nähe von Köln, wo neben Gartenskulpturen auch Kachelöfen, Brunnen und vieles andere mehr hergestellt werden. Er ist auch als Dozent an der VHS Rhein-Sieg tätig.

Sofie Meys ist freiberufliche Journalistin und Betreiberin des Online-Portals www.garten-natur.de. Im Stocker Verlag veröffentlichte sie bereits die Bücher „Das Hochbeet. Für Gemüse Kräuter und Blumen selbstgebaut!", „Deko aus Beton. Schönes für Haus und Garten selbstgemacht!" und „Kreative Pflanzgefäße. Gartendekoration einmal anders".